CONTROLE, LIMITES E TRANSGRESSÕES

Luís Carlos Tavares Ferreira
Maria Luísa Milagre

CONTROLE, LIMITES E TRANSGRESSÕES

Artesã

Controle, limites e transgressões
1ª edição

COORDENAÇÃO EDITORIAL
Karol Oliveira

DIREÇÃO DE ARTE
Tiago Rabello

REVISÃO
Maggy de Matos

CAPA
Karol Oliveira

PROJETO GRÁFICO E DIAGRAMAÇÃO
Conrado Esteves

F383 Ferreira, Luís Carlos Tavares.
Controle, limites e transgressões / Luís Carlos Tavares Ferreira , Maria Luísa Milagre. – Belo Horizonte : Ed. Artesã, 2015.
156 p. ; 23 cm.

ISBN: 978-85-88009-47-9

1. Psicologia. 2. Educação. I. Milagre, Maria Luísa. II. Título.

CDU 159.9

Catalogação: Aline M. Sima CRB-6/2645

IMPRESSO NO BRASIL
Printed in Brazil

ARTESÃ EDITORA LTDA.
Site: www.artesaeditora.com.br
E-mail: contato@artesaeditora.com.br
Belo Horizonte/MG

Para Dona Dirce e Sr. Luís.

Para Dona Irene e Sr. Sebastião.

Sumário

Introdução

O processo histórico tem evidenciado uma transformação dos regimes totalitários (monarquias, ditaduras), em busca de regimes mais democráticos (presidencialismo, parlamentarismo). Acompanhando (ou determinando) o processo social de transformação dos regimes totalitários, a família busca seu caminho com mudanças de organização e de relações em sua estrutura e dinâmica de funcionamento.

Como em todo processo revolucionário, saímos de um extremo (totalitarismo dos pais), para cair, muitas vezes, em um outro (totalitarismo dos filhos). Atualmente estas forças buscam um equilíbrio. Percebemos que há muito a ser aproveitado nas relações familiares tradicionais, que foram, num primeiro momento, rejeitadas. Ao mesmo tempo, muitas das novas conquistas devem ser melhor organizadas e consolidadas. Depois da quebra inicial de um modelo estabelecido, o sistema familiar busca uma evolução em suas relações afetivas e hierárquicas.

No modelo tradicional de educação, o sentimento manifesto dos pais, quando havia maiores problemas com um filho, era de projeção da culpa, isto é, aquele filho era de alguma forma, totalmente responsabilizado pelas suas dificuldades. Atualmente, o sentimento manifesto é a introjeção da culpa. Diante de uma dificuldade do filho, os pais perguntam-se o que fizeram de errado na educação para tal comportamento manifestar-se. É como se o modelo tradicional se apoiasse na presunção de que estava totalmente certo. Quando um filho não se ajustava a este modelo, ou não correspondia às expectativas dos pais, considerava-se que isto era devido às dificuldades inerentes ao filho. O modelo familiar atual não parte da presunção de estar totalmente certo, ao contrário, questiona-se a todo momento. Atualmente a influência das variáveis ambientais, constituídas principalmente pelas atitudes e procedimentos adotados na família têm sido supervalorizadas. Os pais de agora, muitas vezes, pretendem ser o único fator responsável pela formação da personalidade do filho. Julgam-se na obrigação de controlá-los a todo momento, para evitar que corram riscos, cometam erros e sofram. Em casos extremos alguns pais não só tentam controlar o filho, mas tem a pretensão de controlar todas as variáveis de sua vida. Observamos esta percepção no humor de Millôr Fernandes: "Tem pais que tem a pretensão de preparar os filhos para a vida. E outros que tem a megalomania de preparar a vida para os filhos" (Fernandes, 2015).

Em um trecho de uma história contada por um cabreiro, no livro *D. Quixote De La Mancha* (1605) (Cervantes, 2010), podemos obter uma amostra de vários elementos relacionados à questão dos limites.

> A riqueza do pai e a formosura da filha moveram muitos, tanto da povoação como forasteiros, a que a pedissem em casamento; mas o pai, como pessoa a quem tocava dispor de tão rica joia, andava confuso, sem saber resolver-se a qual a entregaria dos infinitos que o importunavam e, entre os muitos que tão bom desejo tinham, um fui eu, a quem deram muitas e boas esperanças de bom êxito, o ver que o pai sabia quem eu era, o ser natural da mesma aldeia, de sangue limpo e de idade florescente, de cabedais avultados e dotado de certo engenho. Com estas mesmas partes a pediu outro do mesmo lugar que foi causa de se suspender e hesitar a vontade do pai, a quem parecia que em qualquer de nós estava sua filha bem empregada; e, para sair desta confusão, resolveu dizê-lo a Leandra (assim se chama a opulenta, que em tanta miséria me tem posto), advertindo que visto sermos ambos iguais, era bom deixar à vontade de sua querida filha o escolher a seu gosto; coisa digna de ser imitada por todos os pais que querem casar suas filhas. Não digo que lhes deixem escolher pessoas más e ruins, mas que lhes proponham boas, e entre essas, que escolham a seu gosto.

Na primeira frase, dois valores sociais estão claramente determinados:

- Riqueza (pai)
- Formosura (filha)

É importante lembrar que os limites seguem valores, e, portanto, variam de acordo com a época. Quanto aos dois valores acima citados, podemos dizer que, mesmo atualmente, continuam poderosos e influentes na concepção de muitos limites.

O pai é a pessoa a quem tocava "dispor" tão linda joia..."

Esta frase mostra que a autoridade familiar máxima é o pai. Na hierarquia familiar cabe a ele tomar as decisões (patriarcado). Isto nos remete a outro fator importante: a quem, atualmente, os filhos reconhecem como autoridade máxima, o pai, a mãe, ambos ou ninguém?

Quando o autor fala da filha como uma "joia" do pai, sugere a ideia de posse. Será esta uma ideia totalmente ultrapassada, ou perdura no emocional dos pais a sensação de que os filhos são indivíduos que lhes pertencem? Certa vez um pai perguntou, em tom de brincadeira, para a filha de três anos: "De quem você é? De seu pai ou de sua mãe?"

A resposta da criança foi: "De ninguém!"

Mais uma sequência de valores é identificada quando o próspero noivo faz uma lista de suas qualidades: Natural da mesma aldeia; Sangue limpo; Idade florescente; Cabedais avultados; Dotado de um certo engenho. Ou seja, o protagonista relata aqui as preferências sociais de: naturalidade, raça, nível socioeconômico e intelectual. Passados 400 anos, estes valores acima citados ainda estão presentes na sociedade.

A prática de escolher um "bom noivo" para a filha está totalmente eliminada? Ou esta forma de controle da vida dos filhos ainda acontece de forma dissimulada, ou até mesmo aberta?

O estudo histórico e antropológico mostra a impossibilidade de um referencial único de valores. O autor diz no texto: "pessoas boas e pessoas ruins". Qual o referencial para esta classificação? Quais os valores que estão sendo utilizados? É uma diferenciação social, moral ou ética? E mais, se não há valores absolutos, podemos considerar qualquer tentativa dos pais de colocar limites como arbitrária?

A moça da história tinha dezesseis anos.

O filho deve participar das decisões que estão sendo tomadas para sua vida? Concordando de que deve haver esta participação, em idade ela deve começar a acontecer? Que parâmetros de desenvolvimento emocional devem ser seguidos?

"... Todos os pais querem casar suas filhas." O autor fala aqui de uma expectativa, de uma imposição ou de ambas? Até que ponto as expectativas dos pais devem ser impostas aos filhos? Se quisermos ser mais suaves, a pergunta seria: até que ponto os pais devem direcionar os filhos de acordo suas expectativas? Ou ainda: É possível criar um filho sem expectativa?

Um último aspecto que consideramos é a transitoriedade do limite. Na época em que foram escritos, alguns elementos do texto eram liberais, avançados. Hoje, são risíveis em alguns pontos, e em outros, se acontecem, são realizados de forma velada, sutil, pois não condizem com as premissas atuais de liberdade pessoal.

A forma como o pai coloca o limite no texto constitui uma tentativa de conciliação entre uma postura social mais tradicional e outra mais liberal. A solução encontrada foi o pai selecionar bons pretendentes e deixar que a filha escolhesse entre eles.

Mas, muitas vezes, ao longo da história dos costumes, antes de uma conciliação acontecem transgressões mais incisivas ao sistema estabelecido. Por exemplo: A fuga de uma moça com o pretendente que não satisfaz aos parâmetros patriarcais, mas pelo qual ela estaria apaixonada.

A transitoriedade dos limites é o resultado do processo dinâmico entre limite e a transgressão desses. Na busca de evolução pessoal e social estes dois fatores devem estar sempre dentro de nossa perspectiva.

Iniciar um livro com tantas perguntas pode, num primeiro momento, parecer desanimador. Mas o conflito é, na verdade, o primeiro passo na busca de qualquer evolução pessoal. Neste caso, a busca consiste em contínuas mudanças de posturas que melhor se adequem ao momento da pessoa que está sendo educada, à situação em que ocorre, e à época em que se vive.

CAPÍTULO I

Limites e desenvolvimento

A individuação e o limite na infância

Segundo o dicionário o significado da palavra limite é: Demarcar; Restringir; Reduzir a determinadas proporções; Fixar; Estipular (Ferreira, 2010).

Quando é que se iniciam, na vida, os limites?

Antes mesmo do nascimento o ser humano já se depara com os limites. O feto cresce até atingir um limite de tempo ou tamanho que o obrigará a transpor o espaço uterino, ou seja, ele terá que nascer.

Ao transpor o seu primeiro limite o recém-nascido sairá de uma situação na qual estava protegido e nutrido, para outra em que experimentará as limitações do próprio corpo. Terá de respirar por si mesmo, sentirá fome, dor de barriga, sono.

A psicanálise afirma que, até um determinado momento do desenvolvimento o bebê sente o mundo externo, representado principalmente pelo corpo da mãe, como extensão do seu próprio corpo (narcisismo primário) (Pontalis, 2001).

À medida que vai desenvolvendo o seu potencial perceptivo e cognitivo, ela vai delimitando o próprio corpo, realizando um movimento de individuação. A psique é restringida, limitada a si mesma, transpondo uma relação ilusória.

A criança desenvolverá física e emocionalmente. Em determinado momento, um novo limite entrará no seu mundo. Entre dois e três anos (em muitos casos antes, devido à ansiedade dos pais), será exigido da criança o controle dos esfíncteres. Ela não poderá continuar evacuando e urinando no momento em que tiver a necessidade. Terá que tensionar os esfíncteres e ir ao local socialmente adequado para se aliviar. Aos poucos começará a ter uma concepção de que os excrementos são sujos, e, até mesmo passará a ter vergonha de evacuar perto dos outros. Aí começa, de forma mais evidente, a iniciação do homem como ser civilizado, a repressão ao corpo, à sexualidade.

Um grande número de autores, Norman O. Brow, Freud, Ernes Becker (Brow, 1974; Becker, 2007; Freud, 1990), entre outros, afirmam que, a partir deste limite, inicia-se um dos maiores conflitos do ser humano. De um lado a sublimação, o heroísmo, a espiritualidade, do ser humano e do outro sua animalidade, sexualidade, contenção dentro de um corpo, e dentro do limite final, ou seja, a morte. No livro *A montanha mágica* um personagem faz o seguinte comentário: "Não há nada mais doloroso do que ver como nossa parte orgânica, a parte animal de nosso ser, nos impede de servir à razão" (Mann, 2006).

Mas a criança não abandona a posição de estar ligada a tudo tão facilmente. Até a idade de seis anos, assume uma postura emocional chamada de egocentrismo. Ela sente que tudo passa e se realiza em função dela. Isto não é apenas egoísmo, é um poder irreal que a criança imagina ter. Por exemplo: ao perceber que seu pai ou sua mãe está triste, alegre ou com raiva, ela sente que, com certeza, tem alguma responsabilidade por estes sentimentos. Após os seis anos, grande parte desta ilusão de poder sobre a realidade é transposta. Mas até que ponto o egocentrismo é totalmente abandonado na primeira infância? É comum vermos resquícios desta postura em:

- Relações afetivas íntimas
- Neuroses
- Psicoses.

Muitas vezes, nas relações afetivas íntimas (pais, filhos, casais), acontece das pessoas sentirem-se responsáveis pelas emoções daqueles que lhe são próximos (introjeção). Não estamos falando aqui de uma culpa por ter agido de uma forma que possa ter provocado tal sentimento. Mas sim do fato da pessoa quase sempre acreditar que é responsável pela emoção do outro, e sentir uma compulsão de salvá-lo de tais emoções.

Também o contrário acontece, ou seja, responsabilizar o outro pelas próprias emoções (projeção). "O inferno é o outro" (Sartre, 2007).

À medida que a pessoa se responsabiliza por suas próprias emoções, delimita sua individualidade na relação afetiva com o outro.

Um exemplo de egocentrismo em neuroses é o ritual dos obsessivos compulsivos, onde a necessidade de atuação no meio une-se a um pensamento mágico, criando uma conduta ritualista, rígida e estereotipada que extrapola a praticidade. Nesta patologia, o indivíduo vê-se em condições de manipular, através de rituais compulsivos, a "realidade" futura imaginada por ele. Acredita poder evitar que aconteça algo de ruim a si mesmo ou a pessoas que lhe são próximas. Apesar de todo o sofrimento causado pela doença, fica evidente, durante o tratamento, a resistência em abandonar a pseudo segurança propiciada pela a fantasia de controle sobre os acontecimentos futuros. O indivíduo sente que ficará impotente perante qualquer fatalidade da vida, portanto deve estar em constante defesa, pois não suportará a dor, caso algum de seus temores aconteça e o pegue desprevenido. Apesar de racionalmente não acreditar neste controle, o indivíduo, respondendo a sua primitiva situação egocêntrica, acaba reagindo à fantasia com ações compulsivas.

Um outro exemplo interessante é o da psicose paranoica. O indivíduo, fixado emocionalmente na fase infantil em que fantasia e realidade se confundem e onde impera o egocentrismo, acredita que, a todo momento, todos à sua volta, estão focalizados na sua pessoa. Crê também que as emoções vivenciadas pelos que o circundam estão sempre relacionadas a ele.

No início de seu processo de desenvolvimento, a criança vivencia uma proximidade profunda com a mãe. Este relacionamento em alguns casos, mantêm-se além do período inicial, onde há muito pouca distinção entre a individualidade da mãe e do filho. Esta ligação, quando mantida além do período inicial, tem como componente emocional o apego e a insegurança. A aproximação gradativa da figura paterna colabora para que este tipo de ligação não se estabeleça. A psicanálise afirma que o pai é o interdito entre o filho e a mãe (Lacan, 1988). Mesmo após aceitar a entrada do pai na relação, a criança ainda considera que tanto a mãe quanto o pai estão em função dela, que os interesses e emoções dos pais direcionam-se exclusivamente a ela. Mas chega o momento em que a criança percebe que estes pais tem também uma relação entre eles, que eles são um casal. Junto a esta percepção, ocorre também a imposição de um tabu social, de uma restrição necessária para sua socialização, que é desistir de que um dos pais funcione como objeto sexualizado. Ela também desiste que de buscar a cumplicidade com um dos pais, aceitando a cumplicidade do casal. Isto permitirá que a criança mobilize mais energia para suas relações sociais, possibilitando um maior desapego e maior independência em relação às figuras paternas.

Recapitulando: Para que a criança desenvolva o processo de individuação, ela experiência contínuas limitações e transposições de limites:

1. Separação do corpo da mãe (nascimento).
2. Deixar de ser, emocionalmente, uma extensão do corpo da mãe (narcisismo primário).
3. O controle dos esfíncteres.
4. Abandonar o egocentrismo.
5. Aceitação da figura paterna.
6. Aceitação do casal.

O desenvolvimento pessoal passa por dois processos inversos: Do nascimento à formação básica da personalidade, o ego passa por uma condensação, formando um núcleo distinto, com tendência a uma certa rigidez. No período de sete aos doze (fase fálica), e, principalmente, na adolescência, há uma exagerada busca de afirmação egoica, uma forte delimitação do ego em relação ao mundo, um maniqueísmo e egoísmo, muitas vezes, exacerbado.

Na continuidade do desenvolvimento, segue-se um processo inverso na idade adulta. Há uma constante flexibilização do núcleo (ego), possibilitando uma individuação com uma melhor percepção e aceitação da realidade. O que permite maior integração pessoal, social e ambiental. Tudo isto como uma preparação para a flexibilização final, onde o ego desapegado chega com serenidade para transpor o seu limite final, ou seja, a morte.

O fato é que estes dois movimentos (rigidez e flexibilização do ego) coexistem, constituem duas balizas em torno das quais transita o homem em seu processo de desenvolvimento pessoal.

Internalização do limite

A criança, em seu desenvolvimento, passa por diferentes fases maturacionais que a tornam apta à aquisição de padrões de comportamentos. À medida que o organismo vai amadurecendo, a criança vai desenvolvendo comportamentos adaptativos cada vez mais elaborados.

O processo de educação e socialização realiza-se pela repetição. A criança vai moldando sua percepção do mundo, e as maneiras de se relacionar através das repetidas intervenções dos adultos à sua volta. Com o passar dos anos, ela internaliza a percepção, interpretação da realidade e a forma mais aceita socialmente para se portar perante o meio.

Para compreender, responder adequadamente e internalizar limites, a criança passa por um processo de aprendizagem. Antes dos quatro-cinco anos, ela percebe o limite sendo representado por aquele que o administra, o limite é externo.

Por exemplo, se um adulto diz a uma criança de três anos para não subir em cima da mesa, ela pode até obedecer. Mas se o adulto sair do ambiente, se ele não está mais por perto, a lei se retira. Então, a criança sentir-se-á desimpedida para subir na mesa.

É importante ressaltar que a internalização dos limites não ocorrerá de repente, mas de forma gradual, através das repetidas aplicações dos limites no dia a dia.

Dentro de um processo normal de maturação, após a idade de seis-sete anos, a criança finaliza a incorporação da lei, podendo sentir culpa ao transgredi-la. Voltando ao exemplo acima citado, caso o adulto saia da sala, permanecerá sendo proibido subir na mesa.

É comum os pais queixarem-se, principalmente quando se referem à crianças mais novas, de que muitas vezes colocam limite a determinado comportamento, justificam a razão de ser de tal limite e, ainda assim, a criança continua repetindo a mesma ação. É como se ela não entendesse, não se lembrasse ou mesmo não aceitasse o que lhe foi determinado.

Levar em conta as reais possibilidades do filho, suas limitações naturais, e características de cada momento, pode propiciar aos pais maior tranquilidade e paciência. Na verdade, quanto mais nova a criança, maior será sua dificuldade (e mesmo incapacidade) para acatar e internalizar limites. A partir dos seis anos, quando acontecem transgressões, de forma continua e acentuada, cabe refletir sobre a adequação da forma como os limites vem sendo colocados pela autoridade (falta de bom senso, violência, excessiva verbalização da ordem etc.). Cabe também averiguar se o filho está passando por um período de rebeldia, ou mesmo verificar a possibilidade de tratar-se de uma dificuldade intelectual de compreender instruções e regras.

São incomuns casos de pessoas adultas que não completaram a fase de internalizar os limites. Neste caso se observa diferentes níveis de transgressão. Algumas pessoas cometem pequenas transgressões quando acreditam que não serão descobertas. Outras chegam a se tornar perigosas para o convívio social, a ponto de planejarem e executarem ações altamente prejudiciais a terceiros. Isentas de culpa, sua preocupação restringe-se a satisfazer suas necessidades e objetivos e a esconder pistas que possam incriminá-las.

Impulsividade e baixa tolerância à frustração

Segundo Freud o comportamento humano é determinado por dois princípios básicos: o princípio do prazer e o princípio da realidade (Freud, 1977).

O bebê é regido, preponderantemente, pelo princípio do prazer. Reage ao ambiente de forma instintiva, desejando a satisfação imediata de suas necessidades. Sua percepção e consciência do mundo ainda é bem restrita. À medida que acontece o desenvolvimento biológico, e a partir das experiências vivenciadas, o ego da criança vai se formando, propiciando a ela melhores possibilidades adaptativas, realizando uma intermediação entre as necessidades e as contingências do meio ambiente. Desta maneira vai se desenvolvendo o princípio da realidade.

Podemos definir impulsividade como uma forma de reagir através de ações imediatas ás circunstâncias ambientais, às próprias emoções e aos próprios desejos, sem que o ego faça a intermediação se a ação é conveniente ou não em determinado contexto da realidade.

Uma criança bem nova ou uma criança imatura, sendo regida pelo princípio do prazer, buscará realizar suas necessidades, seus impulsos de sexualidade e agressividade o mais rápido possível. Quando impedida de descarregar suas tensões, não consegue elaborar a raiva ou tristeza decorrentes. A esta não aceitação das limitações cotidianas, dos limites que visam à segurança física e à adequação familiar e social, chamamos de baixa tolerância à frustração.

Em termos práticos isto implica, entre outras coisas que, quanto mais nova a criança, maior será sua impulsividade e mais baixa será sua tolerância à frustração.

A consciência dessa evolução da criança possibilita, aos adultos, mais paciência, e também a percepção da necessidade de maior firmeza no limitar. Os limites, ministrados de forma coerente, facilitam ao ego adaptar, progressivamente, suas necessidades às condições do meio.

A criança, o adolescente, e até mesmo o adulto poderão expressar emoções quando frustrados (birra, chorar, reclamar e argumentar). Não há razão para que a autoridade em questão intervenha, desde que a pessoa não pratique violência ao meio, a si mesmo, à autoridade, a terceiros, e continue respeitando o limite.

O exercício do ego ao conciliar o princípio do prazer ao princípio da realidade, continua até a idade adulta, e mesmo ao longo da vida. Esta prática, se bem sucedida, fortalece o ego, possibilitando o desenvolvimento emocional do indivíduo, tornando-o apto a aceitar frustrações e vencer obstáculos que se interpõem na realização de seus projetos. Projetos estes intimamente ligados a seus desejos e sentimentos.

À medida que o processo de desenvolvimento pessoal se realiza, estes projetos tendem a ampliar-se, visando à maior cooperação e integração social.

Desenvolvimento e limitações emocionais dos pais

As experiências vividas na primeira infância ficam gravadas no inconsciente. A formação básica da personalidade, com seus componentes congênitos e também aqueles adquiridos na relação com o meio, acontecem ao longo dos primeiros cinco anos da vida. Nas relações afetivas muito desta primeira formação emocional é projetada, e, é claro, que isto não será diferente na relação dos pais com os seus filhos. Muitas vezes, ao ouvirem este tipo de afirmação, alguns pais sentem-se ansiosos, demonstram um profundo medo de prejudicar seus filhos, pois percebem que nestas situações, estão presentes componentes infantis inconscientes, em relação aos quais, eles próprios não tem controle.

Na questão da influência do desenvolvimento emocional dos pais no relacionamento com os filhos, alguns pontos devem ser considerados:

Os componentes infantis da personalidade do adulto podem ajudá-lo a se aproximar do mundo da criança. Temos que considerar que a maioria destes componentes fixados na personalidade, fazem parte da busca inicial do indivíduo de adaptação ao meio, e, portanto, podem ajudar na compreensão de como a criança percebe, sente e atua no mundo.

Ações impulsivas dos pais, motivadas por componentes infantis inconscientes, podem, eventualmente, levar o filho a ter determinadas dificuldades emocionais. Mas estas ações são realizadas sem a intenção deliberada de prejudicar o filho. Há que se considerar, neste caso, a possibilidade de uma atitude mais misericordiosa dos pais para consigo mesmos. Por que sentir culpa se não houve intenção de prejudicar?

Ainda que os pais, conscientes da inadequação, mantenham determinadas atitudes, é preciso considerar que a evolução do desenvolvimento emocional não acompanha ritmo do conhecimento intelectual. Mudanças evolutivas são lentas e, definitivamente, não são impulsionadas pela culpa.

Aceitar as próprias limitações é um exercício de paciência e humildade. Assumir um modelo de perfeição, uma idealização distante da própria realidade imediata, torna-se opressor tanto para os pais, quanto para os filhos. A busca, então, será de uma aceitação ativa.

Há uma ideia de que só o filho aprende na relação com os pais. É falsa. Os pais também tem muito o que reaprender na relação com os filhos, como, por exemplo, simplicidade, espontaneidade, desapegar-se rapidamente da raiva, humor, entrega às atividades lúdicas. Todas estas vivências permitem ao adulto uma maior flexibilidade egoica, na medida em que abandona uma seriedade estéril, muitas vezes, confundida com responsabilidade.

O conhecimento de que motivações infantis inconscientes podem influenciar nas relações afetivas e no processo de educação não tem que ser visto como fator de desânimo. Pode ser considerado como desafio para melhor conscientização destas posturas e posterior reorganização dentro da realidade atual.

Neste sentido, a busca de melhor adequação no que se refere a ministrar limites, não será apenas importante para o desenvolvimento dos filhos, mas também para desenvolvimento dos pais. Não se trata de um caminho de culpa, mas de responsabilidade. Aceitar suas próprias limitações, sem passividade, buscando, se possível, transpô-las com paciência. Enfim, ter a consciência de que, quem estiver totalmente preparado para ter filhos, provavelmente não os terá. Seguirá um caminho totalmente espiritualizado, de um amor plenamente fraternal. Aqueles que se encontram num nível mais secular, com as dificuldades inerentes ao processo de desenvolvimento emocional, é que estão encarregados de educar estes novos seres humanos.

CAPÍTULO II

A relação humana

Na observação do comportamento das crianças, onde determinadas características do ser humano mostram-se com maior transparência, podem ser percebidas duas tendências básicas coexistentes no relacionamento interpessoal:

- A busca de intimidade com o outro
- A busca de competição com o outro.

A busca de intimidade com o outro

O ser humano nasce totalmente impotente e necessita durante muitos anos dos cuidados e da orientação dos pais. O recém-nascido, desenvolve com a pessoa que lhe dispensa maiores cuidados (normalmente a mãe), uma relação de total dependência e uma proximidade tão intensa a ponto de se confundir com ela. Nos seus primeiros anos, a criança estabelece relações marcadas pelo egocentrismo e pelo egoísmo. Acredita ser o centro de tudo e que todas suas necessidades devem ser realizadas, de forma imediata, pelas pessoas à sua volta, não reconhecendo as necessidades e desejos do outro.

Até a idade de cinco, seis anos a criança relaciona-se buscando formas de receber energia do outro, mesmo porque ela se encontra numa situação de vida em que realmente necessita de que o adulto lhe ceda mais energia na relação. A criança que segue padrões adequados de maturação vai, gradativamente, aprendendo a ceder energia em suas relações, reconhecendo o outro como ser desejante. À proporção que se desenvolve, torna-se mais tolerante às frustrações e, com isto, descobre possibilidades de estabelecer relações de troca e cooperação com o outro.

É frequente situações em que os pais dedicam excessivos cuidados aos filhos, extrapolando as necessidades reais da criança. Estes pais queixam-se, de estarem energeticamente esgotados e responsabilizam o filho por este esgotamento. Chegam a se ressentirem com o filho, seja de forma consciente ou inconsciente. Culpados por este ressentimento, estes pais tendem a redobrar seus cuidados, tornando-se ainda mais desgastados. O filho, por sua vez, não recebendo limites, exige cada vez mais. Percebendo o esgotamento e o ressentimento dos pais, a criança sente-se culpada e insegura, e teme perder a atenção e o afeto destes. Nestas circunstancias ela tende a desenvolver maior apego e dependência em relação aos pais. Esta forma de relacionar, motivada pela culpa e pela dependência, constitui um ciclo vicioso que dificulta o desenvolvimento da autonomia e da autoconfiança da criança.

Na adolescência há uma mudança nas relações familiares. O filho busca um novo tipo de relação com os pais, podendo acontecer uma menor manifestação de afeto em relação a estes, e maior interesse pelo convívio social. Nesta época o adolescente conhece um novo tipo relação, que é o contato físico e afetivo com parceiros. Aí começam os relacionamentos onde espera-se haver troca equitativa de energia entre as partes. Mas, de fato, isto nem sempre acontece. É quando aparecem os conflitos. Quanto mais imaturos forem os parceiros, maiores serão os conflitos na relação. Estes conflitos acontecem também entre adultos.

Nas relações de casal é comum a reclamação de que uma das partes investe mais no relacionamento que a outra parte. E, no caso de haver filhos, é também comum a queixa de que um cônjuge está cedendo mais energia na educação do que o outro.

Na verdade, elementos infantis como egocentrismo, egoísmo, narcisismo, dependência, continuam atuantes e determinantes nas relações interpessoais, inclusive na vida adulta. O fato é que o desenvolvimento pessoal acontece durante toda vida, e cada indivíduo tem o seu próprio ritmo, o seu próprio tempo.

Com certeza, o tipo de relação com o outro mais difícil de se encontrar é aquela em que a energia é doada sem esperar qualquer tipo de volta energética, incluindo aqui qualquer tipo de reconhecimento (secular ou divino) para tal atitude. Esta postura é chamada por alguns autores de amor de ação (Dostoiévksi, 2008). Caracteriza-se, principalmente pelos atos, e não pela manifestação verbal dos sentimentos (Powell, 2003).

Uma poesia de Adélia Prado nos remete a esta postura:

Minha mãe achava o estudo
a coisa mais fina do mundo.
Não é.
A coisa mais fina do mundo é o sentimento.
Aquele dia de noite, o pai fazendo serão,
ela falou comigo:
"Coitado, até esta hora da noite no serviço pesado."
Arrumou pão e café, deixou tacho no fogo com água quente.
Não me falou de amor.
Esta palavra de luxo. (PRADO, 2001)

Alguns pais reclamam que o nascimento dos filhos foi para eles como não ter mais direito à vida, no sentido de não poder fazer mais o que eles gostavam.

Guardando as devidas proporções, esta frase traduz sentimentos muito comuns a todos os pais. Quem nunca sentiu que sua liberdade foi restringida ao ter filhos? Numa época profundamente narcisista e masturbatória (manipulação do prazer), um filho é sentido como um obstáculo à liberdade e ao prazer. Reclamar da situação é apenas uma das opções. Há duas outras: decidir não participar da criação do filho e entregá-lo aos cuidados de outro. Neste caso, a imaturidade dos pais é tal que não conseguem ceder energia. Na maioria dos casos, trata-se de pais adolescentes, que entregam a responsabilidade de criar os próprios filhos aos avós. A outra opção é aceitar a situação assumindo o compromisso de educar, lutando com o próprio egoísmo, abandonando a postura infantil de dependência.

Forças poderosas atuam no relacionamento pais-filhos: instinto de preservação da carga genética; obrigação social; compromisso pessoal; afetividade com o cônjuge e com a própria criança. Mas há uma que cria o vínculo mais profundo: a troca de energia. A concepção e a gestação da criança é uma doação de energia. A partir do nascimento, acontece uma constante troca de energia entre pais e filhos. Os pais têm a oportunidade de ceder esta energia como compromisso, ou seja, assumindo a responsabilidade do ato, disponibilizando-se emocionalmente para o filho. A outra forma de ceder energia é como obrigação, sentindo que a situação lhe é imposta, reclamando disto e assumindo uma posição de vítima. De toda forma, a energia é cedida. A vantagem da primeira situação é que, além de ser mais prazerosa, é mais eficiente, pois possibilita maior proximidade afetiva com a criança. Esta, de alguma forma, sente a diferença. O ato de doar a energia possibilita aos pais o trabalho de flexibilização de uma postura egomaníaca e permite à criança melhor qualidade de relacionamento e maior confiança na continuidade da energia recebida.

A busca de intimidade com o outro nasce da impotência, da busca de completude. Ela se inicia na situação de total dependência do recém- nascido, e, se o processo de maturação ocorrer de forma satisfatória, o indivíduo passará, gradualmente, de uma postura egomaníaca, que exige receber energia do outro na relação, para uma postura de também ceder energia e, até mesmo, de doar energia sem esperar recompensa. À medida que transcende o egoísmo no âmbito familiar, o indivíduo torna-se mais receptivo a estabelecer relações de troca equitativa em nível social. Pode também abrir-se à fraternidade e ao amor ao lar maior que é a Terra.

A busca de competição com o outro

Quanto mais nova a criança, maior a sua dificuldade de aceitar perder. A isto chamamos de baixa tolerância à frustração. Por que perder uma disputa, um jogo ou até mesmo uma discussão ameaça tanto uma criança e até mesmo adultos? Por que causa-lhes tanto desprazer não vencer algo?

É obvio que o ser humano tem uma necessidade de constante afirmação egoica. Alguns fatores determinam o recrudescimento e a predominância desta posição em alguns indivíduos.

Um deles é de ordem constitucional. Algumas crianças, desde tenra idade, apresentam a postura de disputa como focal em seus relacionamentos. Estas crianças apresentam alto nível de competitividade. Na sua relação com outras crianças podem assumir a postura de líder, comportando-se de forma autoritária e rebelde.

Outras já não manifestam, de forma tão aberta, sua busca contínua de afirmação da potência egoica.

O ser humano leva anos de sua vida para desenvolver-se fisiológica e emocionalmente, ocasionando a necessidade de receber cuidados na infância e adolescência. Em seu referencial, as crianças percebem os adultos como seres enormes, capazes de exercer grande poder sobre elas, e sobre o mundo. Esses adultos são motivo de admiração, de busca de identificação, mas também são motivo para a disputa de poder, na busca de sua própria auto afirmação.

Há o fator familiar. Este pode reforçar ou inibir uma característica constitucional. O ideal para que o indivíduo não se radicalize em sua tendência natural é que aquela criança mais passiva seja estimulada a praticar esportes e jogos, ou seja, a uma competitividade elaborada. Na relação, esta criança tende a ouvir o argumento do outro e se calar. É adequado estimulá-la a expor e defender seus pontos de vista, isto é, a argumentar. A criança mais competitiva, tende a expor seu ponto de vista e seus desejos, não ouvindo ou nunca aceitando o argumento do outro. É importante estimulá-la a ações artísticas e de cooperação. No relacionamento deverá ser estimulada a ouvir e refletir sobre os argumentos do outro.

O fator social também não pode ser desprezado. Vivemos em uma sociedade altamente competitiva, onde o receio dos pais de que os filhos não consigam atuar de forma satisfatória no meio é evidente. Esta competição estende-se a todos os níveis, impregnando também as relações pessoais. Uma criança, educada por pais que sentem a necessidade de ter sempre razão, e ameaçados ao perderem uma discussão, aprenderá a perceber a discussão como uma competição que deve vencer, e não como uma tentativa de chegar a um acordo. No livro *Crime e castigo* há um trecho que nos dá uma boa percepção desta postura competitiva nas relações humanas:

> Sonhou que o mundo inteiro fora assolado por um flagelo terrível e sem precedentes que, vindo das profundezas da Ásia, caíra sobre a Europa. Todos deviam morrer, salvo um pequeníssimo número de privilegiados. Surgiram uns seres microscópicos, uma triquina de uma nova espécie, que se introduziam nos corpos das pessoas. Mas esses seres eram espíritos dotados de inteligência e vontade. Os indivíduos infectados ficavam no mesmo instante loucos furiosos. Todavia, coisa singular, nunca os homens se tinham julgado tão sábios, tão seguros da posse da verdade, como julgavam estar esses que eram contaminados pela doença. Nunca tinham tido mais confiança na infalibilidade dos seus juízos, na solidez das suas conclusões científicas e dos seus princípios morais e crenças. Aldeias, cidades, povos inteiros eram atacados por aquela moléstia e perdiam a razão, não se compreendendo

> uns aos outros. Cada um julgava saber, ele só, a inteira verdade e, contemplando os seus semelhantes, afligia-se, batia no peito, chorava e torcia as mãos... (Dostoiévksi, 2009).

Durante uma sessão de ludoterapia uma criança relata: É fácil "abalar" meu pai e minha mãe. Com minha mãe eu brinco na varanda do prédio, e ela fica com medo de que eu caia. Com o meu pai eu demoro a obedecer e ele fica com raiva.

Esse menino expressa, de forma direta, algo comum de se ver, em nível consciente ou inconsciente, em outros pacientes. O gosto da criança ou do adolescente em alterar, emocionalmente, os pais ou os irmãos. Em outra situação, um adolescente disse: Meu pai conversa comigo e me coloca de castigo quando eu implico com o meu irmão. Eu sei que meu pai está certo, mas é tão gostoso...

Algumas vezes, acontece o contrário, o gosto dos pais em alterar os filhos, ou até mesmo de obrigá-los a obedecer. É como se fosse um jogo, onde vence quem altera emocionalmente o adversário.

Um paciente adulto lembrou-se, muito emocionado, de uma disputa que, na sua infância, vivenciava sistematicamente com o seu pai: para castigá-lo esse pai sempre utilizava punições físicas. O filho resolveu rebelar-se contra estas punições, as quais considerava injustas. A forma de rebelião escolhida foi não chorar e encarar o pai enquanto este lhe batia. O pai, percebendo o desafio, continuava batendo até que o filho chorasse.

Que força é esta que motiva uma criança a manter um comportamento que ocasiona sofrimento físico? O que leva um pai a alterar-se a ponto de ter uma disputa física com um ser que tem como única defesa a tentativa de não manifestar sofrimento? Que força é esta que faz com que um adulto deixe-se manipular por uma criança?

Nos três exemplos citados acima percebemos semelhanças e diferenças. Todos são buscas de autoafirmação. A diferença está na intenção. Nos dois primeiros, a disputa é meramente uma competição para sobrepor o outro, uma busca de se afirmar como melhor do que os pais ou do que o irmão em um determinado momento. No terceiro caso, há um objetivo em estabelecer justiça. É uma luta pela integridade, uma luta que ultrapassa o simples desejo de sobrepor o outro. O livro *Fogo Interior* nos dá uma visão interessante deste tema: "A vaidade não é algo simples. É o núcleo de tudo de bom e ruim que existe em nós."(Castañeda, 2008a).

A postura competitiva pode apresentar-se de duas formas:

1. A motivação do indivíduo é sobrepor-se ao outro.

Esta é a postura dos dois primeiros exemplos. Aqui, o indivíduo busca sobrepor-se ao outro pelo simples prazer da ação, e por uma necessidade de constante autoafirmação. Neste caso, sempre há vencedores e perdedores. Por ser competitiva, esta postura necessita de comparações, e por buscar comparações, ela necessita de um observador que a corrobore. Esta postura catexiza a imagem que desejamos projetar para o outro. Há uma frase atribuída a Lacan que sintetiza muito bem uma consequência desta postura: "O olhar do outro nos aliena de nós mesmos."

Na história de *Branca de Neve* podemos perceber que a madrasta não quer apenas ser bonita. Ela quer ser a mais bonita. É uma situação de competição e por isto precisa de um juiz (o espelho), e por isto suscita a inveja daquela que é considerada superior (Grimm, 2012).

A pessoa que utiliza como parâmetro de autoavaliação a apreciação comparativa do outro, está focalizada no fortalecimento de sua importância pessoal (Castañeda, 2008b). Esta postura tende a reforçar a rigidez egoica, onde superioridade e inferioridade estarão sempre em conflito no emocional do indivíduo.

É importante ressaltar que durante muitos anos a criança vive sob o olhar dos seus pais, percebe-se observada e avaliada por eles, necessitando que a aceitem, para que possa estabelecer uma maior segurança emocional. Os pais representam, durante muitos anos, um referencial externo na busca de identificação e de autoafirmação. Os filhos incorporam os valores e diretrizes dos pais e, muitas vezes, contra eles se rebelam. Fica evidente que, durante anos o referencial para o comportamento permanece predominantemente externo. Portanto, não chega a ser uma surpresa que até mesmo os adultos continuem transferindo para outras pessoas, ao longo de suas vidas, o poder de avaliá-los.

É verdade que os pais têm uma grande influência na vida de seus filhos, mas o que é esquecido é que os filhos também tem muita influência sobre os pais. A capacidade de manipulação, o desejo de submeter, pode acontecer tanto do lado dos pais, quanto das crianças. Muito cedo a criança aprende que determinada ação desencadeia uma reação dos pais. Ex: Quando o bebê chora a mãe vem amamentá-la, ou alguém vem socorrê-lo.

Alguns comportamentos de manipulação com o intuito de submeter o outro são tradicionais.

A agressividade direta é uma postura tradicionalmente masculina.

A vitimização e a sedução constituem formas de manipulação tradicionalmente femininas.

No livro *Fogo Interior*, o autor descreve aqueles que estão empenhados em submeter nas seguintes categorias:

- Os que atormentam com brutalidade e violência.
- Os que criam uma ansiedade intolerável, através da desonestidade.
- Os que oprimem pela tristeza.
- Os que atormentam o outro até ele se enraivecer.

Dentro do âmbito familiar, são comuns algumas destas características:

- Violência. O irmão que bate no outro.
  Pais que batem nos filhos.
- Sedução. Muitas vezes, pais de adolescentes relatam que o filho aproxima-se mais afetivamente, torna-se mais atencioso, com intuito de conseguir algum benefício. Isto também acontece com as crianças e também com adultos.
- Enraivecer o outro. Talvez seja o mais comum no âmbito familiar, principalmente entre irmãos. É o famoso "abalar" o outro. Inclusive entre os meninos há a frase: Abalou perdeu.

Como exemplo, citamos um pai que brincava com um filho de três anos. De repente, este queria subir na mesa de vidro. Ao receber o limite do pai, a criança investiu fisicamente contra este e foi contida. Em seguida começou a chorar, pedindo para subir na mesa. Como o pai continuou negando, a criança parou de chorar e começou a acariciá-lo. Em seguida, pediu novamente, e diante de nova negativa, foi embora com raiva. Observamos neste exemplo a tentativa de manipulação pela violência (física), pela tristeza, vitimização (choro) e finalmente, pela sedução.

Ao relatar o acontecimento, o pai o fez rindo. Tratando-se de criança de pouca idade a manipulação ficou evidente, portanto, o pai não se sentiu ameaçado diante do desafio e nem de que o filho deixasse de gostar dele. Na verdade, o que diferencia a atitude de crianças mais novas, da atitude de outras mais velhas, dos adolescentes e até mesmo dos adultos, é que estas manipulações ainda estão muito cruas, pouco elaboradas... O que muda é a capacidade de fazê-las de forma mais sutil, e, na maioria das vezes, até inconsciente. Esta percepção é transmitida no trecho do livro *Sonhos de Transgressão*:

> ... A vida é um jogo. Encarando as coisas por este prisma, você pode rir de tudo.
>
> Sulta, autoridade, jogos. Estas eram palavras-chaves que sempre surgiam nas conversas, e de repente até pensei que o próprio harém não passasse de um jogo. Um jogo entre homens e mulheres que tinham medo uns dos outros e por isto mesmo estavam sempre querendo provar que eram mais fortes, exatamente como nós crianças, também fazíamos. Mas não me animei a passar tal ideia, naquela tarde a Malika e Samir, porque parecia louca demais. Dava a entender que os adultos não eram diferentes das crianças (Mernissi, 1996).

As relações de poder são comuns na vida diária e, com os filhos não é diferente. Nesta situação os pais são a autoridade. Podem usar o papel de autoridade na hora de colocar limites, mas não é necessário incorporá-lo, podem até, internamente, rir deste papel. Para fazer isto é necessário abandonar, um pouco, o próprio senso de importância. Nos momentos em que conseguem isto, os pais tornam-se menos manipuláveis, mais objetivos. Não há porque sentir raiva dos desafios à sua autoridade, ou culpa por tê-la exercido. Exercer a autoridade é necessário, mas é apenas circunstancial, não torna os pais pessoas mais importantes do que seus filhos. Percebendo esta postura dos pais, os filhos tendem a diminuir a resistência aos limites.

2. A motivação do indivíduo é transpor a si mesmo.

No terceiro exemplo citado acima, em que a criança decide não chorar e encarar seu pai, enquanto este a punia fisicamente, é uma situação em que o indivíduo está lutando por algo que ultrapassa a sua pessoa. Ele luta por justiça. Ele tem um objetivo que está além da disputa. Não é só uma questão de submeter ou submeter-se; ganhar ou perder; há um objetivo maior.

Ações em que se tem um objetivo que ultrapassa o ganho imediato e pessoal tendem a liberar o ego da necessidade narcisista de focalizar-se em sua própria imagem. Uma criança ainda está se formando, em termos de personalidade, e necessita da aprovação e aceitação dos pais. Muito da postura de vida do ser humano forma-se a partir do desejo de ser aceito, querido ou admirado pelo outro. Mas, à medida que vai alcançando maturidade emocional o indivíduo pode, gradativamente, libertar-se da avaliação do outro como referência de sua afirmação pessoal (desfocalizar-se do senso de importância), e a focalizar sua avaliação pessoal no "senso de valor". Neste caso, o que importa são as boas batalhas em que o indivíduo se empenhou, onde não importa se venceu ou perdeu e nem se o outro reconheceu ou não a sua atuação (Castañeda, 2008c). O senso de valor não é comparativo, não necessita, portanto, do olhar do outro. Quem estabelece o valor do fato é o próprio indivíduo, sua luta é consigo mesmo. Ele está sempre buscando praticar a excelência, porém aceita sua condição atual. Ao aprofundar-se no ato, esquece-se de si mesmo e é aí que se encontra. Quanto mais o indivíduo se desvincula do olhar do outro, maior a sua liberdade. Uma boa batalha a se praticar no cotidiano pode ser criar o filho sem expectativa quanto ao seu futuro, e sem esperar reconhecimento, temer fracassos e repreensões à atuação como pais. Colocar limites, sem maiores alterações emocionais (abalar). Esta batalha não se dá com filhos, mas com o próprio ego (Fromm, 1983).

Há uma citação atribuída à Buda que exemplifica bem esta posição:

> Mais importante do que vencer mil guerreiros,
> em mil batalhas diferentes,
> é a vitória sobre si mesmo.

No processo em que o ego busca afirmar-se acontecem as duas posturas acima citadas. Quanto mais imaturo o ego, maior ênfase na disputa com o outro, na relação de poder. Esta disputa pode acontecer dentro de situações pré-estabelecidas para este fim, como jogos e competições esportivas. Mas também acontece no âmbito das relações familiares, profissionais e sociais: quem ganha mais, quem manda mais, quem é mais bonito, qual o melhor profissional, qual o melhor filho, qual o filho mais querido etc.

À proporção que o indivíduo desenvolve maturidade emocional, seu referencial de superação focaliza-se em si mesmo, em seus atos. Suas realizações tendem para objetivos de cunho ético e social, visando o bem comum.

No livro *O poder do mito*, Joseph Campell cita um simbolismo da idade média chamado de roda da fortuna. Na parte de cima da roda há um rei, e na de baixo há um mendigo (Campbell, 2012). Este símbolo representa posturas do ser humano. Quanto mais na borda a pessoa se encontra, mais sujeita está a altos e baixos. Quanto mais no eixo, mais centrada, menos suscetível a variações de superioridade e inferioridade, e, portanto, melhor a condução de sua fortuna (destino).

CAPÍTULO III

Posturas de potência e de impotência

No processo da educação, duas posturas devem ser consideradas como significativas para o desenvolvimento da criança.

Uma atua reconhecendo e estimulando sua capacidade em lidar com o meio. A outra tende a focalizar a incapacidade da criança em lidar com o meio, protegendo-a, oferecendo-lhe segurança. A primeira postura atua na potência da criança e a segunda na impotência.

Tradicionalmente, em nossa cultura, o pai tende a assumir a postura de estimular a potência, e a mãe de proteger na impotência. Um exemplo tradicional é quando um filho cai. A mãe tende a socorrê-lo, enquanto o pai tende a afirmar que não foi nada. Em entrevistas com pais observa-se, com maior frequência, uma tendência das mães em maximizar as dificuldades do filho e uma maior tendência dos pais a minimizá-las. O filho, por sua vez, necessita destas duas forças (acolhimento e estímulo), para desenvolver, de forma mais equilibrada sua potência e impotência.

Uma consequência muito comum destas posturas dos pais é a forma como os filhos se relacionam com estes: com a mãe mostram mais suas impotências e desejam que suas potências sejam reconhecidas pelo pai.

O processo inicial de interação da mãe e do pai com o filho tem uma característica diversa. O da mãe é de alta aproximação com contínuas separações. E do pai caracteriza-se por uma gradativa aproximação. A forma de relação da mãe com o filho começa com a gravidez, um tipo de união que acarreta emoções e sentimentos que estão ausentes da cognição do homem. O parto é a primeira separação da mãe com o filho. Segue-se a amamentação no peito e a segunda separação que é o desmame. À medida que cresce, a criança torna-se mais capaz, mais independente, separando-se, gradativamente, dos cuidados da mãe e interagindo mais com o pai. Este propicia uma outra separação mãe-filho introduzindo-se na relação de ambos. Com a idade o bebê vira menino e busca contatos sociais, evidenciando outra separação. Na adolescência, pai e mãe já sentirão de forma mais igualitária a separação do filho. Acontece então, o último estágio de preparação da saída do filho para o meio. A partir de então tem início um novo ciclo, onde estes filhos poderão assumir a posição de pais.

As funções orgânicas evidenciam limitações e impotências do ser humano. Como a mãe está diretamente relacionada às funções corporais da criança através das vivências da gravidez, parto, amamentação e, na maioria das vezes, cuidados com a higiene, sono e doença, ela acaba focalizando-se no cuidar das impotências, propiciando proteção e segurança. Em função de todas estas vivências torna-se mais difícil para a mãe aceitar a independência do filho e, em alguns casos, até a separação de individualidades. Por isto mesmo, o maior trabalho egoico em sua relação com o filho consiste na prática do desapego.

Ao pai cabe a posição de sair de sua posição individualista e, às vezes, maníaca, para assumir um contínuo reconhecimento da criança, aproximando-se cada vez mais desta, buscando ressaltar as particularidades do filho, suas conquistas e capacidade de atuar no meio, mas também aceitando suas impotências. Seu trabalho egoico principal com relação ao filho, será a aceitação, independente do filho corresponder às suas expectativas.

Nem sempre essa divisão de posturas ocorre de forma total e tão claramente. Há alguns anos nossa cultura experimenta mudanças que diluem um pouco esta divisão clássica de posturas. Há casais em que esta postura se apresenta invertida, ou seja, o pai protege mais e a mãe estimula a capacidade da criança.

Mas toda revolução, toda mudança de costumes, leva, no primeiro momento, a radicalizações. Muitos homens estão, de certa forma, com medo de assumir a sua masculinidade (Bly, 2004), tendo assim, dificuldade de atuar sobre a potência da criança. Há uma confusão entre deixar de ser autoritário, com deixar de ser autoridade. Ocorre também, no caso de algumas mulheres, uma reatividade com relação à disponibilidade afetiva que a maternidade requer. Dentro de uma observação limitada de consultório percebe-se, muitas vezes, uma inversão de papéis e não uma flexibilização destas posturas.

Outra variação acontece em famílias nas quais os pais esperam e até mesmo exigem dos filhos de seu próprio sexo uma postura de potência. E no caso de filhos do sexo oposto ao seu, percebem-nos como impotentes, tendem a superprotegê-los e desconsiderá-los. Citamos aqui o exemplo de um pai que queria estabelecer para seu filho um padrão de rendimento escolar superior ao estabelecido para a filha, sendo que esta não apresentava nenhuma limitação intelectual. Outro exemplo é o caso da mãe que determina que sua filha cuide do irmão, apesar de ambos terem a mesma idade.

Esta posição ocorre porque os próprios pais tem uma divisão interna. Um distanciamento das potências e das impotências, e acabam projetando esta fragmentação nos filhos. O fato é que, com frequência, as pessoas tem uma noção pouco realista, extremada e fragmentada de suas possibilidades e limitações. Deixam de considerar que a potência é relativa e circunstancial, tanto quanto a impotência. A existência de uma não exclui a existência da outra.

A criança necessita que sejam adotadas as duas posturas em sua educação. A postura de proteção propicia à criança ter a tranquilidade de que alguém aceita suas dificuldades, suas limitações, e está disposto a dar-lhe a ajuda necessária, possibilitando-lhe uma sensação de segurança e aceitação de sua impotência. A postura do estímulo possibilita que a criança acredite em seu desenvolvimento e em sua capacidade de atuação no meio, permitindo-lhe uma sensação de autoconfiança e reconhecimento de sua potência.

A predisposição da criança, aliada à forma como, através da educação, são transmitidas estas duas posturas, determina características de seu comportamento perante o meio. Quando a criança é educada com a predominância da postura de potência ela tende a ressaltar mais este lado de seu comportamento, principalmente se ela já tiver uma predisposição a enfatizar a potência. Esta criança manifestará uma agressividade maior perante o meio e um nível de exigência interna maior. Tenderá a sentir-se mais madura do que realmente é, a ser mais rígida e competitiva, não se dando o direito de errar e de perder. Mas eventualmente, o lado impotente que está mais reprimido, menos enfocado emergirá trazendo as inseguranças e os temores negados. Quando adulto, terá como principal forma de relacionamento ceder energia e esperar reconhecimento (salvador). Sua postura normalmente tenderá a ser mais maníaca.

Quando a criança recebe com maior frequência a postura de impotência, associada à sua predisposição a focar este lado da personalidade, sua tendência é manter-se infantil, dependente, insegura e apegada. Sua agressividade tenderá a ser introvertida, dissimulada e indireta. Em nível inconsciente, terá uma potência exacerbada, criando assim uma tensão entre a postura consciente e a inconsciente. Acreditando ser merecedora de melhor tratamento ou melhores oportunidades na vida, sentir-se-á injustiçada (vítima). Terá como principal forma de relacionamento o que o outro pode fazer por ela. A postura, normalmente, será mais depressiva.

Quando a criança recebe de um dos pais uma postura exacerbada de potência e do outro pai outra postura exacerbada de impotência, e já possui predisposição de radicalização de comportamento, disto poderá resultar em um distanciamento destas duas posturas, levando-a a transitar de forma extremada entre uma e outra (bipolaridade).

Na medida em que cada um dos pais consegue transitar, com bom senso, entre as posturas de potência e impotência com o mesmo filho, melhor será para este. Se o indivíduo transita, com maior consciência, avaliando de acordo com a realidade sua potência e sua impotência, e não a partir de uma postura pré-concebida, tem uma maior eficiência na atuação perante o meio, e não terá dentro de si a tensão criada pela distância entre estas duas posturas. Esta flexibilização egoica permitirá ao indivíduo ser agressivo sem ser violento, ser afetivo sem ser passivo.

O lado positivo para os pais é que, ao buscarem uma postura de maior flexibilização com os filhos, estarão forçando seu próprio ego a aceitar estas duas vertentes em si mesmos, possibilitando maior integração interna. A imensa capacidade do ser humano coexiste com suas grandes limitações diante de questões cognitivas, emocionais e transcendentais que estão além de sua capacidade de compreensão.

Um poema de Rainer Maria Rilke ilustra bem esta posição:

> Seja paciente com as coisas não resolvidas em seu coração...
> Tente amar suas próprias questões...
> Não procure agora as respostas que não podem ser dadas,
> Pois você não seria capaz de vivê-las
> E o mais importante é viver tudo.
> Viva as questões agora.
> Talvez você possa, então, pouco a pouco, sem mesmo perceber
> Conviver, algum dia distante, com as respostas.
> (MIRANDA; MIRANDA, 2000)

CAPÍTULO IV

Limites e controle

O limite é uma demarcação, um ponto ou uma linha traçada a qual não se pode transpor. Em se tratando de relações interpessoais o limite constitui uma regra estabelecida, através de um consenso ou imposta, cuja transgressão pode ser sucedida por advertência ou punição. Na educação, os limites, assim como as consequências, caso estes não sejam cumpridos devem ser estabelecidos de forma clara e antecipada. Diante de um comportamento inadequado, se a autoridade não tem certeza de que havia uma consciência da transgressão, não há porque punir o indivíduo. Neste caso, uma orientação deve ser dada quanto à inadequação da atitude, deixando claro que tal comportamento não mais será aceito e que serão aplicadas as consequências (punição), caso a transgressão ocorra novamente. O indivíduo não será continuamente alertado para não transgredir, uma vez ciente dos limites, a decisão de aceitar ou transgredir caberá a ele.

O limite tem que ser diferenciado da sugestão e do favor. Não é sugestão porque tem caráter compulsório, uma vez que é determinado por uma autoridade, ou, se for o caso de pessoas de mesma hierarquia, houver acordo entre as partes.

O limite não é favor, porque não está condicionado ao desejo ou a boa vontade do outro. Alguns pais transmitem os limites de forma dúbia. Parecem sugerir determinados comportamentos, quando, na verdade, esperam obediência, não aceitando que a "sugestão" seja recusada. Outras vezes, solicitam favores aos seus filhos, mas sentem-se magoados, irados, chegando até a castigá-los, quando estes se recusam a fazer o favor. Isto é uma comunicação dupla. Quando se pede um favor ou se faz uma sugestão o outro tem o direito de recusar. O limite, ao contrário, é uma regra, uma ordem estabelecida, e isto deve ficar claro na comunicação.

Controle não é a mesma coisa que limite. Requer um constante vigiar, para evitar que o indivíduo cometa a transgressão. Quando a criança é muito pequena requer atenção diferenciada, pois sua integridade física corre maiores riscos. Esta criança ainda está desenvolvendo suas habilidades básicas nas áreas psicomotora, cognitiva e emocional. Encontra-se incapacitada para muitas ações, tendendo a cair mais, derrubar objetos e quebrá-los. Desconhecendo determinados perigos corre o risco de queimar-se com fogo, cortar-se, colocar a mão em tomadas etc. Antes dos 3-4 anos a criança não tem uma noção clara de estar sujeita à morte, e sua diferenciação entre fantasia e realidade ainda está se desenvolvendo, o que pode torná-la temerária. Um menino de dois anos, por exemplo, pode pular de uma janela, acreditando ser imortal ou capaz de voar.

Portanto, quanto mais nova uma criança, maior a necessidade de que seu comportamento seja supervisionado, controlado. Precisa de fato ser acompanhada em suas ações, de forma a impedir que corra grandes riscos. No entanto, à medida que vai crescendo, o controle sobre seu comportamento deve ser, gradativamente, substituído pelo limite. Isto significa que será concedida à criança maior liberdade de ação. No caso de cometer uma transgressão, esta será avaliada, para o caso de receber punição ou não.

Quando um dos pais exagera na postura de proteção e o outro mantêm-se omisso na postura de estimular a capacidade do filho, esta criança acabará não recebendo a gradativa substituição do controle pelo limite. Em se tratando de limites é preciso partir do princípio de que poderá haver a transgressão, com suas possíveis consequências. No processo de desenvolvimento a pessoa necessita correr riscos. No intuito de proteger, alguns pais tendem a controlar, para impedir que o filho transgrida, temendo que ele cometa erros. Há pais, por exemplo, que diariamente lembram ao filho de fazer a tarefa escolar, para impedir que ele deixe de fazê-la, e sofra as consequências de sua passividade.

Quando a tentativa de controle prevalece, os pais tendem a colocar limites quase que exclusivamente de forma verbal, evitando que o filho sofra a consequência de seus atos através da punição. A postura de controle quando assume proporções maiores é chamada de superproteção. Tende a manter o filho imaturo e inseguro quanto à sua capacidade, pois é também uma comunicação subliminar dos pais para o filho de que, sem um cuidado externo excessivo, ele não conseguirá lidar com o meio.

Há casos em que acontece o contrário. É dada à criança, ou ao adolescente uma liberdade de ação para a qual ainda não está preparado. Quando a substituição de controle por limites é feita de forma prematura, os pais podem estar afirmando, em nível consciente, que desejam dar toda liberdade para o filho, quando, em nível inconsciente, o que desejam é que estes independam deles mais cedo. Na verdade, quando estes casos são extremos, o que acontece nem é a troca prematura de controle por limites, mas a retirada do controle sem a aplicação de limites. É uma postura de não ceder a energia necessária para o filho naquele momento de seu desenvolvimento. Uma outra situação onde ocorre liberdade prematura é quando os pais estão com dificuldade de exercer sua autoridade, temendo o embate, o conflito com os filhos.

Como foi dito, a diminuição do controle é desejável e importante, mas tem que ser gradativa, buscando um bom senso entre liberdade e maturidade. No primeiro momento, orientando o filho sobre os riscos que corre perante o meio, mas dando-lhe a liberdade de agir, aceitando a possibilidade de que ele cometa erros. Consideramos, portanto, que o limite aceita a transgressão como parte do processo, acredita que esta dá possibilidade ao indivíduo de aprender e, principalmente, considera que, o que é transgressão atualmente, poderá ser a norma no futuro. O controle excessivo não aceita o erro, a transgressão, não aceita riscos. O relacionamento onde há dificuldade de abandonar o controle, caracteriza-se pelo apego e dependência.

Atualmente o controle tem aumentado e o limite diminuído na educação dos filhos. Como foi dito anteriormente, muitos pais acreditam na possibilidade de ter controle sobre todas as variáveis que incidem na vida do filho. Este fato, muitas vezes, resulta em uma irresponsabilidade dos filhos em relação às suas ações, e em um profundo senso de culpa dos pais quando algo não sai dentro de suas expectativas. Uma comparação interessante sobre este assunto é a seguinte: Até a poucas gerações atrás, se um pai ficasse sabendo que seu filho tinha pulado no quintal de alguém para roubar frutas, este pai daria um castigo (normalmente físico) para o seu filho, por ele ter cometido uma transgressão. Mas com certeza isto não seria motivo de preocupação para aquele pai. Atualmente, ainda que não haja uma constância deste tipo de transgressões por parte do filho, quando acontece, é motivo de séria preocupação para a maioria dos pais. Apesar de tanta preocupação, muitos deixam de colocar os devidos limites. Esta postura de focalizar o controle, levando a um excessivo temor do futuro, não é uma exclusividade dos pais. Alguns profissionais da área de educação, médicos e psicólogos, chegam a fazer prognósticos pessimistas para os pais, tendo como base fatos isolados deste gênero.

Vários são os fatores que propiciam o aumento do controle na educação. Um deles é que as famílias, atualmente, contam com um menor número de filhos. Parece que este fato fez aumentar muito o apego dos pais aos filhos. Isto não quer dizer que os pais, anteriormente, não amassem ou sofressem com a perda de um filho. Quando dizemos que aumentou o apego, estamos dizendo que aumentou muito o medo de perder um filho e não a dor de perdê-los.

Outro fator é que na sociedade atual perdeu-se muito a crença na providência divina. No passado, fatos bons ou ruins que acontecessem, sempre eram atribuídos à vontade divina. Atualmente, toda a responsabilidade dos acontecimentos, recai sobre o desempenho do indivíduo perante o meio. Isto, além de irreal, é, muitas vezes, carregado de alto teor de culpa. Chega-se ao extremo de acreditar na possibilidade de exercer controle absoluto na vida dos filhos. O que sugerimos aos pais a este respeito é: se forem religiosos, façam, na educação dos filhos, o que é "possível", dentro de suas condições no momento. Feito isto, resta aceitar a providência divina. A mesma orientação baseada em um referencial científico, lembra aos pais de que é impossível ter o controle de todas as variáveis do processo (pais, filhos, meio). Portanto, o mais sensato é realizar, da melhor forma possível, a parte que lhes cabe, aceitando as variáveis estranhas, próprias de qualquer processo.

Um terceiro motivo que leva ao aumento do controle é a dificuldade de muitos pais em assumir sua autoridade dentro da família, delegando a administração dos limites às mães. Estas, por priorizarem a proteção dos filhos, na educação, usam mais o controle, para evitar que os filhos corram riscos ou sofram.

Um quarto fator, atual em nosso país, o qual será discutido mais adiante, é a violência social.

O limite revela-se mais eficiente do que o controle, na medida em que propicia noção de consequência (positiva ou negativa). Como o sistema social é regido por leis, o limite é a melhor forma de preparação para futura adaptação a este. A importância desta preparação, através dos limites familiares, não deve ser negligenciada pelos pais, ainda que pese sua dificuldade de colocar limites. É preciso considerar que, os limites familiares são, na maioria das vezes, mais suaves do que os do social.

Na orientação de pais é solicitado a eles que imaginem seu filho, no futuro, em seu trabalho, onde receberá uma tarefa a ser cumprida, dentro de determinado tempo. A pessoa que determinar a tarefa não ficará lembrando a ele, a todo momento, que esta tem que ser cumprida. Mas, no devido tempo, será exigido o cumprimento da tarefa. Caso isto não tenha ocorrido, haverá, provavelmente, advertência verbal, seguida de restrições mais severas se não houver mudança de atitude. Imaginando este mesmo filho em uma futura posição de chefia, a situação torna-se mais difícil, porque não haverá quem determine como e quando realizar as tarefas. A iniciativa do que fazer terá que ser dele, o que será ainda mais difícil para uma pessoa a quem sempre foi determinado o que, quando e como fazer suas atividades. Se o filho foi uma criança que, para realizar suas atividades, precisava ser, constantemente lembrado pelos pais de cumpri-las, não estará preparado para o modelo social em que predominam os limites e não o controle. O processo de estabelecer limites possui, em sua dinâmica, o demarcar e transpor fronteiras, permitindo a evolução do indivíduo. O controle excessivo, em seu protecionismo, tende a manter as fronteiras e a estimular o medo de rompê-las.

CAPÍTULO V

Fatores envolvidos no limite

1. Hierarquia

Definição: Ordem, graduação, categoria.

Seja no aspecto material (dinheiro, bens), físico (estético, força, saúde), de conhecimento (técnico, cultural, experiência), emocional, intelectual, espiritual, nas relações humanas sempre há graduações. Também entre os animais que vivem em bando, há as graduações as quais permitem melhor sobrevivência e melhor seleção na continuidade genética.

Há uma passagem interessante da Bíblia nos remete ao conceito de hierarquia:

> Quando acabou de falar ao povo, entrou em Carfarnaum. Ora um centurião tinha, doente e quase a morrer, um servo a quem dedicava muita afeição. Ouvindo falar de Jesus, enviou-Lhe alguns judeus de relevo, para Lhe pedir que viesse salvar-lhe o servo. Chegados juntos de Jesus, suplicaram-Lhe insistentemente: Ele merece que lhe faças isto, pois ama nosso povo e foi ele quem construiu a sinagoga. Jesus acompanhou-os. Não estavam já longe da casa, quando o centurião Lhe mandou dizer por um amigo: Não Te incomodes, Senhor, pois não sou digno que entres debaixo de meu teto, pelo que nem me julguei digno de ir ter Contigo. Mas, diz uma só palavra e o meu servo será curado. Porque eu, embora subalterno, tenho sob minhas ordens soldados, e digo a um: Vai, e ele vai; e a outro: Vem, e ele vem, e a meu servo: Faz isto, e ele faz.
>
> Ouvindo estas palavras, Jesus sentiu uma admiração por ele e disse à multidão que O seguia: Eu vos digo: Nem em Israel encontrei tão grande fé.

> E de regresso à casa, os enviados encontraram o servo em perfeita saúde. (BÍBLIA SAGRADA, 2011)

Esta citação descreve, no nosso entendimento, a existência de vários níveis de hierarquia, entre categorias diferentes (no exemplo: terrenas e espirituais). O mesmo indivíduo pode ocupar posição de autoridade em determinada categoria e, ao mesmo tempo, posição subordinada em outra. Aceitar esta realidade, independente da posição ocupada nas camadas hierárquicas de qualquer categoria, é um ato de humildade.

A criança e o adolescente, dentro do sistema familiar, estão em nível hierárquico abaixo dos pais. O fato é que ainda não atingiram um desenvolvimento físico, emocional e econômico que lhes permitam a condição de serem independentes, de forma a assumirem perante o sistema familiar e social, uma posição de responsabilidade total de seus atos. São os pais que assumem esta responsabilidade, por apresentarem melhores condições maturacionais e econômicas de lidar com o meio. Ao assumirem a responsabilidade, tornam-se referência, isto lhes confere uma autoridade e uma posição hierárquica acima dos filhos, dentro das relações do sistema familiar.

Enfatizar a superioridade hierárquica dos pais pode parecer redundante, mas é necessário, já que, eventualmente, dentro do sistema familiar, acontece uma inversão desta posição.

Alguns pais acreditam que, para desenvolverem proximidade afetiva com os filhos é necessário que se tornem seus amigos. Ao se posicionarem como amigos, os pais estão assumindo uma postura inadequada ou falsa. Amigos estão no mesmo nível hierárquico, um não exerce autoridade na vida do outro. Quando um filho necessita de orientação ou limite, é responsabilidade dos pais atendê-lo. Se, temerosos de prejudicar uma suposta amizade, os pais deixam de fazê-lo, estão tomando uma atitude inadequada. Por outro lado, ao se dizerem amigos, e ao mesmo tempo assumirem autoridade nestas situações, então a postura de amigo é falsa. É possível buscar uma proximidade afetiva com os filhos sem abandonar a posição de autoridade paterna. Na verdade. os filhos necessitam tanto da proximidade afetiva, quanto da autoridade dos pais.

Muitas vezes, quando um filho chega a compartilhar com os pais uma dificuldade, ou apresenta determinados comportamentos que denunciam uma dificuldade, mesmo que em nível inconsciente, ele espera uma orientação ou limite.

Por exemplo, um filho comunica aos pais que está usando drogas. Ele pode fazê-lo de forma verbal ou através de comportamentos que evidenciam claramente a situação (uso de drogas em casa, por exemplo). De toda forma, fica evidente tratar-se de pedido de ajuda. Nestas situações, além de orientações, de uma maior proximidade emocional, é necessário também que os pais apliquem alguns limites que a situação do filho exige. É preciso que os pais assumam sem medo a posição de autoridade.

A comunicação do limite deve ser nítida e firme. Se, em determinada situação, os pais acreditam que o filho está obrigado a lhes obedecer, então deve ficar bem claro na comunicação que não se trata de um pedido e sim de uma ordem. O fato de encobrir uma ordem como favor parte do receio dos pais de assumir a posição hierárquica que lhes cabe.

Existem dois processos dinâmicos de funcionamento hierárquico: Hierarquia rígida e hierarquia flexível.

Na primeira, há uma fixação de posição em uma determinada graduação. Além disso, neste tipo de hierarquia, a graduação (financeira, estética, social etc.), em uma categoria específica, estende-se, com frequência, à pessoa como um todo. Um exemplo pode ser observado em sistema social dividido em castas (onde uma pessoa pertence a uma determinada classe social ao nascer, e continuará pertencendo ao morrer). Quanto mais uma sociedade aproxima-se deste modelo hierárquico, onde o posicionamento de classes é estático, maior a dificuldade de que o indivíduo seja percebido. As potências, capacidades, qualidades, ou o contrário, as impotências, incapacidades e até mesmo as transgressões, não são considerados ou julgadas objetivamente. O que é considerado, em primeiro plano, é a classe social a que este indivíduo pertence. O estereótipo prevalece ao fenômeno, à experiência (preconceito).

Nas relações familiares, muitas vezes, as pessoas também assumem posições rígidas, fundamentadas em ideias preconcebidas e estereotipadas, tendendo a estigmatizar um ou outro elemento do grupo. Por exemplo, pais que quando há divergência de opinião com os filhos consideram-se sempre com razão, devido ao fato de serem pais, de ocuparem posição hierárquica superior.

É também muito comum atribuir determinada graduação hierárquica fixa para os filhos em categorias diversas (o mais inteligente, o mais custoso, o mais bonito etc.).

Nesta forma de organização hierárquica rígida, os pais revelam dificuldade de perceber o filho dentro de determinado contexto ou circunstância. Podem categorizá-lo dentro de uma potência ou de uma impotência exacerbada. Muitas vezes, acontece uma situação paradoxal: os pais exigem do filho maturidade, porém tratam-no como se ele estivesse mais imaturo do que realmente está.

Com relação aos pais, quando há uma cristalização de papéis, a tendência é que o pai se apegue à posição de dar ordens, ser reconhecido como a autoridade que determina os limites e que provê o lar. A mãe, na maioria das vezes, apega-se à postura de proteger e cuidar do filho.

Na hierarquia flexível, há maior mobilidade entre as graduações. Quem está numa graduação abaixo pode subir, e quem está numa graduação acima pode descer. Esta mobilidade utiliza como referência o indivíduo, seu desempenho, suas ações. Para que este processo flua, é necessário superar a tendência, comum no ser humano, a fixar imagens mentais de si próprio e de outros, e vencer o apego a estes padrões, a resistência à abandoná-los.

Um exemplo de hierarquia flexível é o esporte. A posição no *ranking* de um esportista depende de sua atuação.

O mesmo acontece no âmbito familiar. No princípio o filho vê os pais como poderosos gigantes. À medida que cresce, vai, gradualmente, adquirindo condições de igualar-se hierarquicamente a eles. Quando o filho chega a uma posição maturacional e econômica que lhe permite uma independência dos pais estará em igualdade de graduação com estes. Muitas vezes, quando os pais tornam-se idosos e sem condições eficientes de lidar com o meio, o filho adulto terá que assumir uma posição hierárquica de comando, isto é, uma posição hierárquica superior à dos pais. O desapego dos pais à posição hierárquica possibilita que as contínuas mudanças de graduação familiar sejam menos conflituosas, e até mesmo gratificantes, quando estas se dão devido ao desenvolvimento do filho.

Existem famílias em que a organização hierárquica realiza-se de forma disfuncional, onde é comum acontecer uma transposição ou flutuação de papéis, associada à dificuldade dos pais em exercer seu papel de autoridade. Em determinado momento, manda os pais, em outros, mandam os filhos, de forma que se torna difícil identificar quem é a autoridade. Existem casos em que a disfunção acontece em maior grau, onde há constante inversão hierárquica, isto é, a autoridade é exercida por algum dos filhos, ou pelos filhos.

2. Autoridade x autoritarismo

Todo indivíduo merece respeito, em quaisquer circunstâncias, seu valor pessoal independe de sua posição social, idade ou quaisquer outros fatores. Desta forma, pais e filhos, encontram-se em mesmo nível de valor, embora ocupem posições hierárquicas diferentes. Considerando esses princípios, podem os pais, ao se empenharem na educação dos filhos, direcioná-los para este ou aquele caminho? Ao fazê-lo estariam cometendo uma atitude arbitrária? A este respeito seguem dois exemplos que podem servir como reflexão:

* Um homem de 28 anos pretende sair da casa de seus pais para se casar. Porém está encontrando dificuldades financeiras para realizar seu objetivo. Embora seus pais sejam de classe média, a renda mensal deste homem, proveniente de seu próprio trabalho, é apenas suficiente para os seus gastos pessoais. Em um momento de reflexão ele fala a respeito: Tenho pensado muito e acho que meu pai cometeu um erro. Quando eu tinha 14 anos, montei uma banda de rock. Achei que ia ser músico. Disse para o meu pai que não queria mais estudar. Ele respondeu que a escolha e a decisão eram minhas. Mas, na verdade, eu ainda não tinha maturidade para tomar este tipo de decisão. Meu pai errou ao me confiar tal responsabilidade.

* O diálogo com um jovem de 25 anos prestes a se formar na faculdade de Odontologia.

– Estou me formando para satisfazer meu pai. Vou entregar meu diploma a ele para que o coloque num quadro e mostre para as pessoas.

– Você não vai seguir a profissão de odontologia?

– É claro que não, fiz o curso para satisfazer meu pai.

– O que você vai fazer?

– Vou arrumar um emprego para pagar um curso de história. É o que eu sempre quis, mas meus pais me impediram por acharem que eu ganharia pouco trabalhando como professor.

No primeiro caso, foi permitido ao filho ser prematuramente independente, assumir decisões para as quais ainda não tinha maturidade. Posteriormente, na idade adulta, ele assume uma posição passiva de vítima, projetando toda a culpa no pai. Quanto ao pai, revelou-se passivo, deixando de assumir sua autoridade, confundindo liberalidade com omissão.

Na verdade, houve uma inversão de situações. Quando o filho não podia, ainda, assumir responsabilidade para determinar seu projeto de vida, foi a ele permitido fazê-lo. Agora, na idade adulta, quando deveria assumir plenamente a responsabilidade por sua vida, (voltando a estudar, por exemplo), ele não o faz e responsabiliza o pai.

No segundo caso, o jovem foi ativo o bastante para ter a disciplina de estudar, mas foi passivo em não conseguir, dentro de sua realidade familiar, colocar-se como indivíduo desejante. Quanto aos pais, ao escolherem uma profissão para o filho, foram autoritários. Ainda neste caso, se o jovem resolver exercer a profissão de odontólogo, há outra questão a considerar. Quando uma pessoa não faz suas próprias escolhas, tende a não se responsabilizar plenamente por elas. O risco é que, diante de qualquer dificuldade, e estas sempre existem, esta pessoa, provavelmente culpará aqueles que fizeram a escolha por ela (vitimização).

Apesar de opostos, estes dois exemplos contêm semelhanças. Ambos os filhos reclamaram de que não foram devidamente percebidos dentro de um contexto. O pai, que foi passivo, não percebeu ou não considerou a imaturidade do filho. O filho ainda não havia sido preparado para tomar aquela decisão. Os pais autocráticos não perceberam que a sua função era preparar o filho para fazer uma escolha, e não tomar a decisão para ele, desconsiderando sua maturidade. Ambas as posturas paternas são extremadas. Na primeira, só é considerado o desejo momentâneo do filho, desconsiderando o tempo de construção. Na segunda, não é permitido ao filho agir como ser desejante.

Na verdade, os pais caminham em uma tênue linha, permitir que os filhos busquem seus desejos e seus caminhos, porém condicionando esta liberdade à maturidade destes. E, para isto, é preciso que os pais estejam atentos às possibilidades e limitações dos filhos.

O pai do primeiro exemplo não foi autoridade. Mas qual é a definição de autoridade?

Segundo o dicionário significa:

- Direito ou poder de se fazer obedecer, de dar ordens, de tomar decisões, de agir etc.
- Indivíduo com competência indiscutível em determinado assunto.

Quem pode, ao exercer a autoridade de pais, dizer-se com competência indiscutível? Partindo do princípio de que não há um saber absoluto, então toda competência é discutível. Sobre que bases, os pais podem estabelecer o direito a ser autoridade?

Apesar de suas limitações, são mais experientes do que os filhos, o que os habilita a assumir a autoridade. Os pais já ocuparam a situação de serem educados, e isto lhes possibilita perceber a necessidade das crianças e dos adolescentes de serem orientados, visando a sua formação e não apenas a realização momentânea dos desejos (dos pais ou dos filhos). Além disto, a consciência de não haver um saber absoluto, indiscutível, não tem que, necessariamente, ser um desestímulo, e sim poderá funcionar como força motriz para autoridade que "age", sabendo-se falível, estando aberta à aprendizagem. O simples fato dos pais ocuparem a posição hierárquica de autoridade, dentro do sistema familiar, não lhes confere competência. Esta se desenvolve através do exercício constante de uma conduta que busca ser justa e respeitosa, visando o desenvolvimento do filho.

É necessário que os pais assumam a responsabilidade de se fazer obedecer, de dar ordens e tomar decisões. Na verdade, o desafio dos pais é orientar o filho, dentro de valores os quais julguem apropriados, mas considerando que um dia este filho seguirá o seu próprio caminho. Ao colocar o limite, ater-se ao fato, justificando-o através de argumentos.

O que leva um pai ou uma mãe a não conseguir colocar limites?

Uma das razões é a dificuldade em expressar a agressividade.

Nestas circunstâncias a autoridade transita entre ser passiva ou violenta, pois não consegue elaborar sua agressividade, de forma a colocar limites adequadamente.

Colocar limites significa assumir responsabilidade. É necessário que haja uma agressividade para a autoridade atuar, pois estará se expondo à possibilidade de tomar atitudes e decisões sujeitas a críticas.

Pode haver também o medo do embate, da possibilidade de entrar em conflito com o desejo ou opiniões do outro.

Outra razão para se evitar limites é a pena ou o dó de frustrar os filhos. Esta postura é tradicionalmente mais comum nas mães. Na maioria das vezes, é uma projeção da própria autopiedade sobre os filhos. Os pais em questão colocam-se como vítimas perante as limitações de suas vidas. Ao lidar com o filho acabam por tentar salvá-los dos limites, das frustrações do cotidiano.

Alguns pais sentem-se em dívida para com seus filhos no que se refere à disponibilidade afetiva, o que acarreta dificuldades em exercer a autoridade. Aceitar as limitações na área afetiva, sem deixar de buscar mudanças, com paciência e serenidade, diminui a culpa, permite assim melhor atuação na aplicação de limites.

Quando os pais não assumem a posição de autoridade, acabam cedendo esta função para o filho. Como este ainda não tem maturidade suficiente, seu comportamento tende a ser mais rígido, egocêntrico ou egoísta. Uma pessoa nestas condições, ao assumir posição de poder, inevitavelmente será uma autoridade autoritária.

Há uma definição básica de autoritarismo: "É a não aceitação da diferença" (Arendt, 2006).

Aceitar, ouvir o referencial do outro, é tanto mais difícil, quanto mais insegura e apegada a pessoa estiver na posição de autoridade.

Os pais autoritários são pessoas que apresentam rigidez egoica, apegam-se aos seus referenciais, à sua posição hierárquica. Qualquer ideia que vá contra estes referenciais e valores não é percebida como uma oposição circunstancial a um determinado item, mas é percebida como uma ameaça ao seu poder, uma tentativa de mudança hierárquica. A discordância é considerada como falta de respeito e desconsideração, e, normalmente, desperta a raiva, a qual poderá levar o autoritário ao uso de violência (verbal ou física). Isto amedronta o opositor, podendo inibi-lo de expressar novas discordâncias. Uma outra forma de reagir à discordância é pela postura de vitimização, levando o opositor a se sentir culpado, podendo, no futuro, não apresentar nova oposição para que a autoridade não sofra.

O autoritário busca sua potência na submissão e controle do outro. Qualquer discordância é sentida como ameaça ao seu direito ou poder de se fazer obedecer, de dar ordens. Há o temor de que o outro o suplante, tornando-o impotente. O que era para ser uma discussão sobre um referencial, acaba sendo sentido como uma ameaça pessoal. Os pais autoritários sentem-se ameaçados com o desenvolvimento do filho. Considerando que o objetivo da educação é propiciar a autonomia, é importante atentar à contínua necessidade de romper os limites (La Taille, 2005). Portanto a oposição, o conflito, constituem partes integrantes do processo de educação.

3. Argumentação

É o fator principal que diferencia a postura de autoridade da postura autoritária. Quando os pais, ao colocarem limites, conseguem explicar a razão deste, possibilitam que o limite seja mais educativo. A prática de argumentar e considerar a argumentação do filho faz com que ele se sinta mais respeitado, diminuindo a resistência na aceitação dos limites. Além disto, reforça a posição de autoridade, pois esta é mais respeitada quando se baseia no conhecimento e na explicação do motivo de suas ações.

Quanto mais as relações familiares se baseiam na argumentação, tanto maior a possibilidade de que se estabeleça um relacionamento saudável a partir da diversidade de opiniões.

Os filhos aprendem a prestar a atenção nas argumentações do outro, a ser mais questionadores nas relações pessoais e sociais.

Esta postura poderá, inclusive, estimular a curiosidade, o que os ajudará nas atividades que buscam o conhecimento.

Alguns pais e algumas escolas relatam que encontram dificuldades em colocar limites através da argumentação. Alegam que estas crianças e adolescentes tornam-se muito questionadoras, não aceitam um simples não. Neste caso, o que é colocado como dificuldade, é justamente o objetivo. Que o jovem questione a razão de uma ação, de determinado argumento, e que também aprenda a colocar de forma clara seu ponto de vista. Mas o que acontece, em muitos casos, é que a criança, e, principalmente, o adolescente, usa a argumentação incessante no intuito de protelar a decisão e o limite dos pais. Outras vezes os jovens usam a argumentação incessante com a intenção de, usando uma expressão dos pais, "vencer a discussão pelo cansaço." Esta situação acontece porque os pais acreditam que, para que o limite seja colocado, é necessário que se chegue a um consenso. Partem do princípio de que, enquanto o filho estiver argumentando ou enquanto não se chegar a um consenso, a decisão de colocar ou não o limite não pode ser tomada. Quando isto acontece, os filhos utilizam a argumentação para bloquear e manipular a autoridade dos pais, os quais acabam se ressentindo com a prática da argumentação.

O que deve ser lembrado é que pais e filhos não estão no mesmo nível hierárquico. Não é uma relação de igualdade. Estar aberto à argumentação do filho é ouvir sem preconceito, sem resistência, considerando sua objetividade e razoabilidade. Se o argumento dos filhos convencer os pais, estes poderão rever sua postura inicial sem nenhum prejuízo para sua autoridade. Mas, chegando ou não a um acordo, a decisão final sempre será dos pais. Não é necessário que os pais, através da argumentação, obtenham a aceitação ou concordância do filho. Inclusive, é desnecessário uma discussão interminável. Quando os pais perceberem que os argumentos relevantes já foram expressos e discutidos por ambas as partes, então está na hora de terminar a discussão. Este método não tem a intenção de impedir que o filho fique com raiva. Tem a intenção de mostrar que sempre haverá um critério para o limite a ser aplicado, mesmo que o filho não concorde com o argumento dado.

Quanto mais os pais conseguirem ministrar a argumentação sem grandes alterações emocionais (limite frio), focalizada no fato em questão, e nunca no ataque pessoal, mais educativo será o limite. Quanto à argumentação dos filhos, o intuito é direcioná-los para a objetividade, não permitindo que eles convençam pela alteração emocional, pelo ataque pessoal, insistência ou vitimização. Esta postura propicia aos filhos maior segurança quanto aos seus referenciais, protegendo-os de possíveis tentativas do meio social de induzi-los a determinados comportamentos. É comum, por exemplo, o grupo de adolescentes induzir e pressionar seus companheiros a cometer transgressões. O jovem que cresceu em um ambiente que estimula a argumentação, tende a ter mais consciência de suas escolhas (seja de transgredir ou não).

4. Agressividade e intimidade afetiva

A agressividade é um impulso básico do ser humano e dos animais visando à sobrevivência, é um impulso para atuar perante o meio ambiente (Freud, 1997). A agressividade nos animais está relacionada à defesa da integridade física; busca de alimentação; defesa de território; disputa de alguns machos visando o acasalamento para perpetuação da descendência.

Em se tratando do ser humano, a agressividade também está ligada aos fatores de preservação do indivíduo e continuidade da espécie, afinal, quanto melhores as condições de lidar agressivamente com o meio, melhores as condições de vida. Se este indivíduo tem filhos, melhores as chances de sobrevivência dos filhos. Uma faceta diferente da agressividade no ser humano é que ela se transforma com frequência em violência. A violência não está ligada diretamente à sobrevivência, mas tem como motor emocional o medo. Pode ser um temor originado da ameaça à integridade física, mas, principalmente, corresponde a um temor supostamente associado à preservação da integridade egoica. Não uma integridade baseada no senso de valor, e sim na afirmação egoica ligada ao senso de importância, onde o desejo de ser superior ao outro luta com o medo de ser inferior. Trata-se do desejo de submeter, sobrepor, humilhar ou uma reação à submissão, à humilhação. A violência vem do medo da suposta inferioridade perante o outro, com o consequente desejo de se estabelecer como superior.

A intimidade afetiva é a comunicação (verbal e física), da disponibilidade para o outro. Para que intimidade aconteça é necessário que haja a decisão de relacionar-se com o outro. Ao assumir esta responsabilidade, a pessoa se disponibiliza a aceitar o outro. Esta postura de disponibilidade possibilita condições para dois elementos essenciais na intimidade afetiva: respeito e confiança. É claro que, no relacionamento de pais e filhos, esta decisão cabe inicialmente aos pais. Quando a criança percebe esta postura nos pais, sente-se mais segura e confiante na relação e em si mesma.

O respeito mútuo é fator essencial na relação afetivamente evolutiva. Muitas vezes, as pessoas afirmam que a intimidade leva ao desrespeito. É inevitável e conveniente que a intimidade leve a desmitificação do outro, afinal, mais importante que o filho admire os pais é que ele os ame. Para que não haja desrespeito é necessário entender que agressividade e proximidade afetiva, não são forças antagônicas, ao contrário, complementam-se. Através da agressividade elaborada, os pais colocam limite adequadamente. Se a proximidade afetiva existe, o filho terá menos resistência em entender e aceitar o limite, pois não o perceberá como uma restrição à sua pessoa e sim a um ato específico. Por sua vez, os pais não temerão as reações emocionais do filho, pois sabem que a proximidade afetiva não será afetada por conflitos circunstanciais. Na verdade, é necessário estabelecer limites principalmente para as pessoas que nos interessam, pois isto propicia condições de melhor convivência. Como exemplo, segue o relato de um pai, o qual determinou, para a babá de seu filho, que não era necessário alimentá-lo, dando comida na boca, já que a criança tinha idade para comer sem ajuda. O filho passou um dia sem comer. O pai ficou preocupado, mas depois descobriu que a babá o estava desobedecendo. Quando foram conversar, ela deu a seguinte explicação: "Você pode proibir seu filho de fazer as coisas, já que é o pai. Ele gosta de você e continuará gostando de todo jeito. Mas eu sou apenas a babá. Se eu não fizer o que ele quer, ele deixará de gostar de mim."

Muitas pessoas deixam de colocar limites por temer a raiva do outro ou a possibilidade de progressivo distanciamento afetivo.

Os pais não precisam temer a raiva ao colocarem limites. Ao assumirem a responsabilidade pelo limite os pais visam a integridade e a educação do filho. O que lhes dá a tranquilidade para aceitarem as reações emocionais do filho sem se sentirem culpados. Também não há motivo para impedir que o filho manifeste sua raiva ou tristeza diante da frustração, desde que esta manifestação não seja desrespeitosa ou violenta. Muitas vezes, mesmo que o limite seja dado com argumentação, o momento maturacional do filho não permite que ele o aceite. Ao ser frustrado em seus desejos é possível que ele sinta tristeza, raiva ou ambas. Quando os pais aceitam os sentimentos do filho, colaboram para que este comportamento diminua, já que não o reforçam com sua preocupação, dó ou raiva. Apesar de seus sentimentos momentâneos, o filho perceberá, com o tempo, que ao darem limites os pais estão se ocupando com ele, cedendo-lhe energia, e isto evidencia que o filho tem relevância no âmbito afetivo dos pais.

Enfocando especificamente os limites, existem duas situações que dificultam a intimidade afetiva:

Quando há uma relação de violência.

Nestas situações, quanto maior o desejo de submeter o outro, ou a revolta por ser submetido, menor a possibilidade de uma proximidade afetiva positiva. Predominam nesta relação os sentimentos de raiva e medo, mesmo que não manifestados abertamente. Quando o sentimento de medo é intenso, a tendência é afastamento físico ou afetivo do estímulo aversivo.

Os pais violentos temem a individualidade do filho, tendendo a classificá-los dentro de uma generalização maniqueísta, isto é, o filho bom ou o filho mau. Esta postura impede um relacionamento onde se percebe o indivíduo em sua totalidade, desconsiderando determinados aspectos de seu comportamento e realçando outros. Por sua vez, o filho acaba adotando a imagem que lhe foi atribuída, atuando de forma rígida perante o meio (no intuito de negar ou reforçar a imagem), reprimindo os sentimentos que vão contra a postura adotada.

Quando não há manifestação de agressividade.

Alguns pais não conseguem colocar limites e criam uma resistência emocional consciente ou inconsciente à criança ou ao adolescente. Esta resistência é justificada pelo próprio comportamento do filho, criando um ciclo vicioso, pois quanto mais os pais se afastam, mais transgressor o filho se mostra, no intuito de tornar-se foco de atenção. Quanto maiores as transgressões, mais os pais se sentem justificados de, afetivamente, se afastarem.

No relacionamento humano a comunicação acontece de três formas básicas (Watzlawick; Beavin; Jackson, 1967):

1. A comunicação dialógica: onde há o conflito de opiniões e as discussões focalizam o assunto a ser resolvido.
2. A comunicação impositiva: onde prevalecem os ataques pessoais, a intimidação e a submissão.
3. Comunicação de indiferença: não há discussão do assunto, nem ataques pessoais. Prevalece o isolamento e a distância afetiva do outro. O objetivo é fugir ou desconsiderar o conflito ou a exposição do afeto. Esse tipo de comunicação é considerado o mais patológico. Acreditar que a solução de um relacionamento com o filho é o distanciamento, para evitar o conflito é, em última instância, não acreditar na possibilidade de intimidade do ser humano.

Quando os pais têm intimidade afetiva com os filhos, o limite é mais eficiente, devido ao fato de os pais não se aproximarem do filho só para colocar limites e para criticar. Além disto, quando uma pessoa é afetivamente relevante, a chance de se tornar uma autoridade respeitada é maior.

É saudável que os pais respeitem as percepções emocionais do filho, preservando sua confiança em perceber a realidade e a si mesmo. Uma característica interessante do emocional da criança é a capacidade de perceber melhor do que a maioria dos adultos, as emoções e a disponibilidade do outro. Ela pode até não ter consciência desta percepção, mas com certeza reage a ela. À medida que a criança vai crescendo, é treinada pelos adultos, a desconsiderar suas percepções, perdendo a confiança nesta capacidade de sintonia à emoção do outro, de diferenciação de uma disponibilidade real de uma falsa. Ex: ao narrar uma briga com o ex-marido, a mãe de uma criança começa a chorar. O filho de cinco anos aproxima-se e pergunta:

– Mamãe, você está triste?

Ela responde:

– Eu não estou triste. Estou conversando sobre sua festa de aniversário.

Alguns pais relatam que, por mais que eles reclamem, não conseguem comover os filhos. Quanto mais nova a criança, maiores as chances disto acontecer. Primeiro porque uma criança mais nova é, realmente, mais egoísta. Segundo porque quando o sofrimento é apenas uma manipulação pela postura de vítima, a criança não o identifica como um sofrimento real.

A capacidade da criança de perceber os sentimentos determina a necessidade de uma real disponibilidade afetiva do adulto, e não apenas uma postura de cumprir obrigação. Por exemplo: um pai emocionalmente distante é aconselhado a buscar uma intimidade com o filho. No entanto, se não houver uma disponibilidade, uma entrega afetiva real, este pai gastará energia em vão, pois o filho não receberá a iniciativa como intenção de intimidade.

Podemos dizer que, quanto mais afetivo for o contato, melhor será para os pais e para os filhos. Neste caso os pais estarão entrando no mundo da criança e não cumprindo uma obrigação. Os filhos estarão aprendendo, através da disponibilidade dos pais, que é possível doar energia ao outro com prazer (Eros e Ágape).

Consideramos que a intimidade afetiva na relação dos pais e filhos é importante na aceitação do limite, mas é importante ressaltar que no momento de ministrá-los, os pais devem buscar uma postura centrada na objetividade, sem maiores alterações emocionais (limite frio). Como é orientado nos grupos do *Amor exigente*: em vez de reagir a mercê das emoções, observar, avaliar, planejar, para depois agir (Menezes, 2003). Quais seriam as vantagens desta postura?

1. A autoridade exercida através da argumentação e não de forma autoritária ou violenta tem mais chance de ser respeitada. Quando o adulto mostra que está "abalado, estressado" (usando uma expressão de algumas crianças e adolescentes), ao colocar o limite, este tende a ser desconsiderado. Ainda que o jovem

cumpra o que lhe foi determinado, o limite não será respeitado pela sua funcionalidade. Além disto, ao colocar um limite emocionalmente alterado, os pais estarão permitindo ao filho desviar a atenção da transgressão e focalizá-la na alteração emocional dos pais.

2. Implica em menor culpa, tanto para os pais, quanto para os filhos.
3. Quando os pais se dispõem a ministrar um limite frio, não se colocando na posição de vítima, nem mesmo sentindo raiva ou medo de que sua autoridade seja desafiada, ensinam à criança, formas mais evolutivas de lidar com conflitos. Esta postura possibilita aos pais um exercício de disciplina e auto conhecimento ao buscar elaborar os seus sentimentos.

5. Medo x respeito

Quando se compara a forma de educar de algumas gerações anteriores com a atual, um aspecto sempre é considerado: o respeito. Nas gerações passadas os filhos pediam a benção aos avós e aos pais, e estes eram chamados de senhor e senhora. Nas refeições em família, os filhos aguardavam que os pais se servissem, para só então se servirem. Os saudosistas desta época lamentam as mudanças alegando que esta era uma forma melhor de educar, pois havia muito mais respeito às tradições, aos mais velhos e, consequentemente, aos pais. Os limites eram seguidos, as desobediências e transgressões menos constantes. Uma afirmação muito comum é de que os pais tradicionais (principalmente o pai), afetivamente mais distantes, conseguiam maior eficiência em seus limites. O que, na verdade ocorria é que os papeis familiares eram melhor delimitados, e consequentemente, as posições hierárquicas mais claras.

Os que são contrários a educação tradicional afirmam que predominava não o respeito e sim o medo, nas relações entre pais e filhos de gerações passadas. Argumentam que o silêncio dos filhos não era por aceitação, e sim porque os pais não aceitavam qualquer argumentação. E que, apesar do autoritarismo do sistema familiar, as transgressões sempre existiram, só que distante dos olhos da autoridade. Muitas vezes, o limite era aparentemente aceito, mas não internalizado. Sem que os pais soubessem havia transgressões até mesmo perigosas. Era comum os filhos nadarem em rio, saltarem de pontes, mexerem com animais perigosos, brigas físicas etc. É claro que nas escolas, em função da transferência da figura de autoridade dos pais para os professores, não havia desrespeito, no mínimo o professor era temido. Mas isto não quer dizer que a disponibilidade dos alunos para a aprendizagem era melhor do que atualmente. Provavelmente era até pior.

É importante ressaltar que o medo e o respeito não são excludentes em uma relação. Quando se compara a diferença entre o medo e o respeito em relação à autoridade, não está se falando, necessariamente, da ausência de um e presença do outro, mas da predominância de um sobre o outro.

Quando a autoridade se estabelece através do temor, utiliza-se da violência verbal, física ou ameaça de não aceitação emocional (violência psicológica). Os filhos, para evitar o estímulo aversivo ministrado pelos pais, tendem a acatar os limites que lhe são determinados. A força motriz é o medo, ao perceber o outro como mais forte e detentor de maior poder para submeter. Mas mesmo nestas condições rígidas de limites, não é tão incomum o filho rebelde, que vai contra os limites estabelecidos.

Quando a autoridade se estabelece buscando o respeito, organiza-se usando o conhecimento e a praticidade. O respeito nasce do reconhecimento da capacidade e intenção do outro. Mesmo que uma decisão dos pais seja considerada errada pelo filho, este terá melhor condição de perceber que houve uma intenção de ser funcional, e não um desejo de se impor. Se os pais conseguem manter uma constância nesta tentativa de serem funcionais e justos, acabam por obter o respeito dos filhos à sua autoridade.

Criar um filho através do medo é, aparentemente, mais fácil. Os pais, sendo percebidos como autoridades inquestionáveis e temidas, não precisam vivenciar oposições diretas, nem fazer quaisquer argumentações. Não há teimosia, questionamentos de individualidades ou conflitos por manutenção ou mudança de comportamentos. A autoridade máxima não está aberta a isso. Se esta posição é mais cômoda, porque abandoná-la? A resposta é simples: É mais saudável buscar a proximidade afetiva e o respeito entre pais e filhos. Através do conflito de ideias estruturam-se egos menos rígidos perante a interpretação da realidade. Os filhos terão melhor possibilidade de internalizar o limite e não apenas acatá-lo. Buscar ser autoridade por sua atuação e não apenas por sua posição hierárquica, é acreditar na possibilidade do entendimento humano, mesmo que este não venha a curto prazo. É acreditar que se pode sempre melhorar, mas que também se é falível, e isto torna a educação mais suave tanto para os pais quanto para os filhos.

No livro *Grande Sertão: Veredas*, há a seguinte definição de medo: "É um produzido dentro da gente, um depositado; e que às horas se mexe, sacoleja, a gente pensa que é por causas: por isto por aquilo, coisas que só estão fornecendo espelho. A vida é para esse sarro de medo se destruir" (Guimarães Rosa, 2006).

Não é evolutivo que os pais ativem ainda mais este depositado, transformando-se no espelho do medo de seus filhos. Se a vida é para este sarro de medo destruir, quanto menos os pais estimularem este medo, mais estarão ajudando o filho.

6. Obrigação x compromisso

A obrigação tem caráter compulsório. O indivíduo é compelido por forças externas (pais, leis), a praticar determinado ato, quer goste ou não, quer concorde ou não. Uma criança, por exemplo, é obrigada a ir à escola. Não está em questão se ela gosta ou se ela concorda. Os adultos também estão sujeitos às obrigações. Na verdade, o sistema social organiza-se através de direitos e deveres.

O compromisso é usado aqui no sentido de comprometimento. Ato de responsabilizar-se por uma ação. A realização da ação é determinada por processo interno, uma decisão do indivíduo em praticar, em atuar em determinada realidade assumindo as consequências de tal ato.

Quanto mais nova a criança, maior a tendência de que os limites sejam sentidos como obrigação. Até a idade de 3-4 anos, a lei para a criança é externa. Qualquer restrição resulta de uma pressão externa que a obriga a agir daquele modo. Progressivamente, a criança vai internalizando a lei, com o consequente nascimento da culpa, caso cometa transgressões. Acompanhando este processo está o medo de não ser amada, não ser querida, e o medo da punição. Pode-se dizer que ela se sente obrigada a cumprir as ações em função dos pais e, posteriormente, pela internalização dos referenciais paternos. À medida em que vai adquirindo maturidade, a criança pode transpor a mera obediência, ou rebeldia, considerando os objetivos do limite de forma a assumir o compromisso de executá-lo, ou de transgredi-los sem ser por mera indolência ou rebeldia, e sim pela ponderação de sua funcionalidade.

Há duas posturas básicas dos filhos perante os pais e o meio que aqui classificaremos de: rebeldes e cordatos.

O primeiro seria aquele que se rebela contra os referenciais paternos, numa busca de auto-afirmação e de liberdade. Dentre estes rebeldes, alguns tendem a se calar, fazendo parecer que aceitam as regras. Porém suas ações acabam por revelar o contrário. Há também o rebelde que se manifesta, colocando verbalmente sua oposição ao que lhe foi proposto.

A outra postura é caracterizada por uma maior aceitação dos limites e referenciais paternos. Educar este filho é mais fácil para os pais. No entanto, quando esta característica se apresenta em alto grau, há a possibilidade deste filho manifestar dificuldades em tomar decisões, estabelecer limites para o outro e transpor seus próprios limites quando julgar necessário.

Os indivíduos apresentam níveis diferentes de predominância de uma postura sobre a outra. Quanto maior a radicalização à determinada postura, maior as dificuldades consequentes a cada fixação.

Ao chegar à adolescência, período de maior busca de auto-afirmação e individuação, o comportamento rebelde intensifica-se em praticamente todos os jovens. A oposição do jovem acontece principalmente com o progenitor do seu próprio sexo. Isto se dá porque o jovem busca superar o progenitor com o qual se identificou.

Quando o indivíduo torna-se adulto, a postura mais evolutiva corresponde à busca de seu próprio referencial, deixando de se sentir obrigado a corresponder aos referenciais dos pais ou de terceiros. Liberta-se também da necessidade de oposição a estes referenciais. O processo de desenvolvimento pessoal compreende a transposição de uma postura carregada de obrigações, em que a pessoa só suporta praticar a ação para que possa receber posteriores recompensas (brincar, divertir, tirar férias), ou pelo menos, evitar punições e sentimento de culpa, para uma postura de comprometimento com as decisões e ações perante a vida. Assumir responsabilidade é um processo de entrega. Quanto mais profunda for esta postura menos chance de culpa, ou de projeção de culpa. Na proporção em que desenvolve a sua responsabilidade, o indivíduo diminui a autopiedade. Isto faz com que ele aceite melhor a sua realidade, abandonando a posição de vítima (Castañeda, 2008d). É aceita a educação recebida dos pais, deixando de culpá-los e desistindo de mudá-los. É também desmitificá-los, percebendo-os a partir de suas potências e impotências, mas sendo grato pela energia recebida. Tornar-se adulto implica em desistir da continuidade do relacionamento infantil com os pais. Por outro lado, ter filhos não será sentido como bênção ou maldição, ou eventualmente ambas, mas será vivenciado como um desafio, uma oportunidade, para os pais, de aprendizagem e desenvolvimento.

7. Expectativa

Dentre as várias definições de expectativa, duas em particular nos interessam no que diz respeito à expectativa dos pais com os filhos:

- Aquilo que se espera.
- Esperança fundada em pensamento.

A expectativa neste sentido, confunde-se com esperança. Mas qual seria a diferença? Na expectativa espera-se algo (positivo ou negativo), baseado em ideações. Estando ligado aos pensamentos, às fantasias, a expectativa pode não ter a devida conexão com a realidade.

A esperança compreende uma postura de confiança no futuro, a certeza de que o inesperado sempre traz oportunidade de aprendizagem e transformação. As tentativas de controlar todas as variáveis da vida, dão lugar à convicção de que o acaso é sempre um desafio, uma abertura a novas possibilidades. A esperança não corresponde à espera passiva, mas ao contrário, incentiva à responsabilidade pela ação.

Onde há expectativa, há sempre a possibilidade de ansiedade, a qual corresponde a estados emocionais caracterizados por inquietação, insegurança, dificuldade em ater-se ao momento presente fixando-se em ideações de um possível futuro. Estas ideações podem ter um cunho positivo ou negativo. Quando é positivo resulta de um desejo de antecipação de situações consideradas prazerosas. Quando é negativo, está diretamente ligado ao sentimento de medo.

A ansiedade em sua origem é um sistema de defesa necessário à sobrevivência. Quando há um perigo real à integridade física ocorre uma descarga de adrenalina no sangue, que faz com que o coração bata mais forte, a musculatura é tensionada, as pupilas se dilatam. Todo o corpo se coloca em situação de alerta, pronto para lutar ou fugir do perigo imediato. Mas o ser humano, com frequência, transforma essa defesa em processo mental. O que acontece então, é que a ansiedade que inicialmente correspondia a um estado transitório de alerta, transforma-se em um estado duradouro, ao se conectar às ideações fixas.

Na educação dos filhos, quanto maior e mais específica for a expectativa dos pais, maior o risco de estar desvinculada dos desejos do filho. Esta postura tende a gerar maior ansiedade, conflitos e decepção dos pais para com os filhos. O apego a determinado desejo aumenta a ânsia de que ele se realize, ou o medo de uma decepção. Esta ansiedade torna-se alta, tanto para os pais, quanto para os filhos. Estes acabam por cumprir um objetivo que não lhes pertence, ou lutando para desvencilhar-se dele.

A expectativa negativa também é geradora de ansiedade. O filho, por sentir-se temeroso de não ser aceito, e os pais por temerem as possíveis ações transgressoras do filho.

É possível criar filhos sem expectativa? Acreditamos que não. Os pais sempre projetam desejos e temores em seus filhos. Mas é importante conscientizar-se de que quanto maior a expectativa projetada no filho, menos respeitada será sua individualidade. A aceitação da realidade possibilita chances de melhor organização e desempenho. Na medida em que a pessoa se sente aceita, ela se conscientiza de que tem o direito e a responsabilidade de escolher o seu caminho. Neste caso, então, menores são as possibilidades de temor da decepção, do erro, tanto para os pais, quanto para os filhos.

A educação tem como função preparar os filhos para fazerem suas escolhas, e os pais para aceitá-las. Esta preparação, evidentemente, organiza-se dentro do contexto de valores e crenças dos pais, com vistas a projetos que acreditam ser o melhor para o filho. Cabe ao filho, na medida em que desenvolve sua maturidade, descartar o que não lhe interessa e potencializar o que acredita que lhe é conveniente. Cabe aos pais a difícil tarefa de perceber que o filho está em constante evolução e que a educação tem como objetivo, ampliar as possibilidades de escolhas do filho. Um bom exemplo é a formação escolar. Dentro de nosso quadro de referência de nossa cultura, é dever dos pais exigir que os filhos estudem. Portanto, os pais devem colocar os filhos na escola, e acompanhá-los orientando e colocando limites para que eles realizem suas tarefas escolares. Mas, ao término do segundo grau o jovem deverá escolher o que fazer: trabalhar, trabalhar e estudar ou estudar.

Um dos critérios que mais influenciam para que os pais venham a interferir em determinadas escolhas profissionais do filho é o financeiro. A razão, normalmente colocada pela classe média, é que vivemos em um país em que os setores de saúde e educação pública são ineficientes. Muitos pais justificam esta ansiedade não como uma questão de ganhar muito dinheiro, mas de sobreviver de forma digna, através dos próprios rendimentos, sem precisar passar pela temerosa necessidade de depender da assistência pública.

Na classe mais alta, a expectativa está direcionada para que o filho aumente o patrimônio familiar. O filho vê-se comprometido com o sobrenome, isto é, a manter ou elevar o status familiar.

A classe mais baixa direciona a expectativa para a necessidade de trabalhar e ajudar nos rendimentos familiares.

Apesar de todas as mudanças sociais, a expectativa profissional em relação ao filho do sexo masculino ainda é maior, pois na concepção de muitas pessoas, o homem ainda cumpre o papel de provedor da família. Por sua vez, a expectativa para com a filha aumenta quando a questão é casamento.

Mesmo que a opinião dos pais seja para um caminho aparentemente menos arriscado e mais aceito socialmente, consideramos que a decisão do projeto a percorrer é do indivíduo. Após ter avaliado todas as informações pertinentes às escolhas que lhe interessa, o ideal, em termos de desenvolvimento pessoal, é que a decisão não seja tomada tendo como motor emocional o medo, e nem a ambição, mas tomando como referencial a afinidade mais profunda do indivíduo com o caminho que ele escolhe (Castañeda, 2008e).

Aos pais cabe a esperança de que o caminho que o filho escolheu para percorrer o torne mais próximo da realização pessoal. A esperança de que ele possa unir o princípio de prazer ao princípio de realidade, através do gosto de fazer bem feito, tendo, ao mesmo tempo, condições de uma sobrevivência digna. Aceitar que nem tudo vai acontecer como esperado, mas ter uma confiança mais abrangente (esperança) de que o ser humano que educaram pode aprender e desenvolver suas potencialidades, através de suas próprias escolhas.

CAPÍTULO VI

Tipos de limites

1. Limite focal x limite pessoal

A aplicação do limite focal caracteriza-se por ater-se à transgressão cometida. Caso aplicada uma advertência ou uma punição estas buscam serem justas, isto é, proporcionais à gravidade da transgressão cometida naquele momento. Neste caso, não se acrescenta alusões ou punições referentes a transgressões cometidas pelo indivíduo no passado. Não se aplica qualquer tipo de ataque ou classificação pessoal ao transgressor. O limite focal propicia à autoridade condições de aplicar um limite menos carregado de emoção, mantendo a argumentação e focalizando a transgressão. A consequência, na maioria das vezes, será uma menor resistência do filho em receber o limite.

Quando o limite extrapola o comportamento transgressor e transforma-se em ataque pessoal, tende a não ser aceito. Neste caso, é comum o filho usar como defesa a projeção de culpa (reagindo agressivamente, assumindo a postura de vítima). Muitos pais chegam até a se gabar dizendo que são muito enérgicos, que diante de transgressões dos filhos reagem com intensa emoção. Acreditar que a pessoa, que é constantemente dominada pela raiva, expressa um 'gênio forte' é um erro, pois quem permite que o outro facilmente o altere emocionalmente, na verdade está vulnerável, está sendo condescendente consigo mesmo.

Há outro tipo de limite que está associado à retirada do afeto. Não é incomum pais falarem em tom de brincadeira para crianças pequenas: você fez isto e agora eu não gosto mais de você. Crianças pequenas usam este recurso de manipulação de forma mais aberta e crianças maiores, adolescentes e adultos de forma mais sutil. Há famílias com um alto nível de rigidez egoica e autoritarismo profundo em que esta modalidade de limites assume proporções mais intensas e duradouras. Na verdade, estas famílias não utilizam o limite, mas um tipo de relação que busca um controle profundo sobre o outro. Esta relação é chamada de amor condicional (Lowen, 1979).

Nossa sociedade é fundamentada no sistema de trocas. Não há nenhum inconveniente em uma relação baseada na troca, desde que ela seja "explícita". Isto acontece o tempo inteiro, nas transações de compra e venda, nas prestações de serviço. Se estas trocas são feitas de forma ética, todos se beneficiam. Uma boa definição seria: O bom negócio é aquele que é bom para ambos os lados. Esta frase evidencia que quanto maior o equilíbrio na troca de energia, maiores as chances desta relação satisfazer a ambas as partes.

O sistema de trocas estende-se ao relacionamento familiar, quando se refere à colocação de limites. Mas quando a família tem a postura de amor condicional esta troca de energia que deveria restringir-se a direitos e deveres, estende-se à manipulação emocional. O que está sempre em jogo não é o fato de um comportamento ser ou não aceito, e sim o fato da pessoa estar sendo aceita ou não. Esta situação é geradora de grande ansiedade e insegurança. O indivíduo ficará extremamente temeroso ao possível julgamento do outro, temendo perder a imagem de bom. Muitas vezes, ao tornar-se adulto não necessitará nem do julgamento do outro, ele próprio será o primeiro a se condenar pelas mínimas coisas. Na verdade, a classificação de amor condicional aplica-se às relações em que a manipulação assume proporções extremadas, onde o afeto torna-se superficial e o que realmente predomina é a relação de poder, a busca de controle sobre o outro.

Se considerarmos amor como disponibilidade para "aceitar" o outro e "doar" energia, a expressão amor condicional torna-se uma contradição. Lembrando que aceitar o outro não implica, necessariamente, em concordar com ele. Há uma frase popular que diz: condenar o pecado e não o pecador.

Podemos dizer que a relação com o filho, no momento em que se está colocando limites, é uma relação de troca. É exigido um comportamento, e de acordo com a força que o filho corresponder a esta exigência, será recompensado, chamado à atenção, ou punido. Isto é uma reprodução do sistema de trocas social em que vivemos.

Por outro lado a disponibilidade afetiva para o filho, por constituir-se em postura de doação de energia, não se fundamenta em trocas. Condicionar o amor ao sistema de troca provoca o desenvolvimento de extrema insegurança no filho. O que está sendo rejeitado não é a ação, mas a pessoa. Esta postura é característica de regimes autoritários.

2. Limite verbal e limite de ação

O limite verbal é aquele em que se comunica ao indivíduo que ele está transgredindo uma regra. Pressupõe que a transgressão acontece porque o indivíduo desconhece ou ainda não está acostumado a uma determinada regra, e por isso impera a força do hábito de um comportamento anterior. No limite verbal a autoridade acredita que a transgressão não ocorreu em função da desconsideração da regra.

O limite de ação tem que ser sempre posterior ao limite verbal. Ele consiste em estabelecer algum tipo de consequência punitiva para aquele que, no entender da autoridade, transgrediu uma regra, tendo conhecimento e consciência desta. Portanto, a aplicação do limite verbal ou do limite de ação, fica a critério do julgamento da autoridade ao considerar se a transgressão foi um ato consciente ou inconsciente.

Exemplo 1. Quando começou a vigorar a lei que determina o uso obrigatório do cinto de segurança, dentro da cidade, pelos usuários de veículos, os policiais apenas instruíam (limite verbal) os motoristas que transgrediam a nova lei (devido até à automatização de andar sem cinto). Após algum tempo o procedimento mudou. Quem era pego sem cinto de segurança recebia multa (limite de ação).

Exemplo 2. Um funcionário chega atrasado no trabalho. Provavelmente receberá um limite verbal pelo atraso. Mas se o funcionário, apesar do limite, continuar chegando atrasado, acabará por receber um limite de ação. Mesmo porque, se o patrão ou o chefe não o fizer, sua autoridade será questionada.

Na educação de filhos a situação é semelhante. Quanto mais nova uma criança maior a aplicabilidade de limites verbais, pois ela ainda está aprendendo e incorporando os limites. Mas à medida que os pais percebem que a criança já adquiriu o conhecimento da regra e consciência de que está transgredindo, o limite de ação deve ser aplicado, mesmo que de forma suave, pois a criança até seis anos, ainda está em processo de internalização dos limites.

Podemos citar dois tipos de limites de ação:

- Punição física
- Castigo

Punição física

Apesar de ser proibido por lei, alguns pais relatam que eventualmente aplicam o limite de punição física. Os relatos são de eventuais castigos físicos como tapas e chineladas. Atualmente, é raro encontrar pais favoráveis ao limite físico, apesar de quase todos admitirem já o terem usado. Este limite, geralmente não acontece por uma convicção da sua eficiência, e sim, resultante de descarga emocional (raiva). Este método é inadequado por vários motivos:

1. Por ser proibido por lei, os pais, ao aplicá-lo assumem uma postura paradoxal: aplicam um limite à transgressão, mas o próprio limite ministrado é uma transgressão.
2. Essa forma de limite apresenta-se, invariavelmente, associada à raiva. É o que chamamos de limite quente. Um limite carregado emocionalmente muda o foco inicial, que constitui o comportamento inadequado a respeito do qual o transgressor deveria refletir, dando lugar a variáveis como o sentimento de culpa dos pais, a raiva dos filhos diante da agressão sofrida. Ou seja, a reflexão sobre o erro sai da transgressão do filho e passa para o tipo de punição ministrada.
3. Em muitos casos, após baterem nos filhos, alguns pais sentem-se culpados e tentam compensar o filho mimando-o, adulando-o.
4. Há o perigo de maiores danos à integridade física da criança. Perigo esse que aumenta, consideravelmente, quando quem está aplicando o castigo físico está sob o efeito de drogas.
5. Quando os pais utilizam a violência com os filhos, estão validando a violência, através do exemplo.
6. Normalmente, quando o limite físico chega a ser colocado, vários limites verbais já foram ministrados. Esta sucessão de limites verbais não obedecidos acaba prejudicando a autoridade dos pais. Quanto mais rápido os pais colocarem o limite de ação, menor a probabilidade de serem dominados pela raiva, e muito menos partirem para uma punição física.

7. Outra inconveniência desse método é reforçar a relação de poder. No momento em que agridem o filho, os pais encontram-se alterados emocionalmente, (abalado para usar uma expressão dos jovens). Portanto, o filho com sua transgressão conseguiu desestabilizar os pais. Quanto mais o filho estiver priorizando uma luta de poder com os pais, mais esta vulnerabilidade emocional dos pais servirá como reforço a este comportamento. De certa forma, pode-se dizer que o filho "apanhou", mas venceu a disputa emocional.

O limite físico é de fato uma violência. Pelas razões citadas acima, discordamos deste procedimento. Mas é honesto ressaltar que, dentro de nossa experiência profissional, aqueles filhos que não recebem limites familiares são ainda mais prejudicados do que aqueles que receberam limites (verbal ou de ação), mesmo que eventualmente tenham recebido algum limite físico leve. E já que estamos falando de violência sempre é bom lembrar que há coisas, ditas ao filho, que podem ser muito mais violentas do que um tapa. Há, ainda, pacientes que relatam lembranças de determinados olhares dos pais que os ameaçaram mais do que qualquer outra coisa.

Castigo

Alguns pais discordam da necessidade de colocar o limite de ação, considerando-os uma arbitrariedade, uma violência. Acreditam que é possível educar o filho só pelo limite verbal, quando ele transgride, ou pela recompensa quando cumpre satisfatoriamente as obrigações.

Quando a recompensa é uma palavra de incentivo, o reconhecimento de algum comportamento desejado, não há inconveniente em usá-la, principalmente quando se trata de crianças muito pequenas e pessoas com baixa compreensão. Mas à medida que o filho vai crescendo este tipo de reforço diminui sua eficácia. O procedimento de recompensa material, mostra-se, a longo prazo, inadequado. Neste caso, os pais estão propiciando que o filho focalize a recompensa imediata e não as consequências a longo prazo das atividades realizadas. Recompensa por resultados imediatos dificulta que o filho desenvolva o que chamamos de tempo de construção, isto é, a capacidade de persistir em seus projetos. Além disto, ao receber uma recompensa por uma determinada ação, o filho pode entender que a está praticando para satisfazer aos pais, e não como algo em última instância direcionado à sua formação.

Por exemplo, no caso da educação escolar, é importante que o filho entenda que esta obrigação que lhe é imposta pelos pais tem como objetivo propiciar-lhe condições de maior possibilidade de escolha de atividades a exercer na vida.

Decidir por ministrar o castigo ou não é uma questão importante. Muitas vezes, os pais carregam este conflito dentro de si e não param para refletir e elaborá-lo. Ao atuar de forma ambivalente, as chances do filho aceitar o limite diminuem. Após considerarem este conflito e tomarem uma decisão, os pais agirão de forma mais convicta, e, possivelmente, mais prática, diminuindo a incidência de raiva e culpa.

Quanto à questão do castigo ser considerado como arbitrariedade, no sentido de despotismo, acreditamos que há uma confusão. Não é a forma como o limite é colocado que é arbitrariedade, e sim o próprio limite. Em última instância todo limite é uma arbitrariedade, pois os pais decidem, desde os primeiros anos dos filhos, o que eles podem fazer e o que é proibido. O que é perigoso à sua integridade física, como deve ser sua higiene pessoal, como ele deve se comportar perante os outros, como ele deve se preparar para ter uma vida mais independente... Uma vez que assumem a responsabilidade de educar os filhos, os pais só podem fazê-lo embasados em seus próprios referenciais de valores. São os limites que possibilitam aos filhos condições de sobreviver perante o meio. Além disto, o limite é uma forma de introduzir os filhos no mundo das regras, no reconhecimento do direito do outro, e, consequentemente, no convívio social.

Não é impossível educar determinadas crianças e adolescentes exclusivamente através do limite verbal. No entanto, a necessidade de ministrar o castigo é frequente, pois a maioria das crianças e adolescentes não aceitam apenas o limite verbal. O castigo constitui procedimento eficaz na educação pelas seguintes razões:

Noção de consequência (saída do aqui e agora).

Não existe ação sem consequência, seja positiva ou negativa. O filho pode até transgredir, mas é dever de quem educa, percebendo a necessidade, ministrar as devidas consequências.

Reforço da autoridade dos pais.

Ao colocar um castigo, os pais estão assumindo o direito de estabelecer regras, julgar o comportamento e determinar uma pena. Ter consciência da amplitude desta autoridade poderá permitir aos pais a noção da responsabilidade de suas ações, e aos filhos um reconhecimento da autoridade dos pais.

Identificação do referencial de valores dos pais.

A intensidade dos castigos para uma determinada transgressão, propicia à criança uma noção da gravidade de sua transgressão. Portanto, através dos limites de ação os pais, automaticamente, estabelecem sua noção de valores, seus referenciais pessoais e sociais.

É uma oportunidade para que o filho reflita sobre suas ações.

Ele pode perceber que não convém praticar determinada ação porque pode ser punido. Pode aceitar que errou e sentir-se envergonhado, culpado pela transgressão. Conforme sua maturidade o filho poderá até assumir consigo mesmo o compromisso de não repetir a ação. Pode também, através da reflexão, chegar à conclusão de que, apesar de ter sido punido, ainda está convicto da razoabilidade de sua transgressão.

Preparação para o sistema social de trocas

O castigo estabelece uma situação de ação-reação. Como nosso próprio sistema social funciona desta forma, através de leis e trocas de serviços, o castigo é um dos recursos através dos quais os pais podem preparar o filho para adaptar-se à sociedade.

Oportunidade para que os pais desenvolvam a assertividade.

Buscando agir de forma justa, isto é, aplicar uma punição proporcional à transgressão, os pais estão desenvolvendo maior controle emocional, sendo agressivos sem ser violentos.

Alguns fatores dificultam a assertividade ao ministrar os limites:

Quando os pais percebem a transgressão como um desaforo, um ataque à sua autoridade, ou mesmo um ataque pessoal, motivados pela raiva, podem exagerar ao colocarem limites (verbal e punição).

Acontece também de os pais admitirem que várias transgressões aconteçam para só então ministrarem o castigo. Quando resolvem fazê-lo, terminam por exceder-se. Isto inclusive é feito sem comunicar ao filho o caráter cumulativo do castigo. O adequado é que, percebendo a necessidade, o castigo seja ministrado imediatamente.

Quando exacerbam na punição, após passar a raiva, ou o medo, os pais podem perceber a inadequação de seu comportamento diante da transgressão. A partir de então diferentes atitudes são observadas: é comum os pais não admitirem perante o filho o exagero cometido, mas "esquecerem" o castigo colocado.

Outra possibilidade é manter a punição, apesar de sua inadequação, admitindo ou não perante o filho seu exagero.

Há também a situação em que os pais atribuem ao filho a responsabilidade de ter provocado sua raiva, portanto, os filhos são culpados pelo castigo injusto recebido.

A postura que consideramos adequada é aquela em que a autoridade admite o erro em seu posicionamento, retratando-se, e reorganizando a punição de acordo com a transgressão. Ao admitir o erro os pais propiciam ao filho exemplo de flexibilidade egoica.

O outro fator que interfere na assertividade ao aplicar o castigo é que os pais deixam-se levar pelo sentimento de dó. Nesta situação os pais acabam por projetar no filho, sua própria impotência e condescendência. Querem protegê-lo de qualquer dor, frustração ou tristeza. Isto leva os pais a não colocarem castigos ou ministrá-los aquém da transgressão.

Há constantes queixas, da parte dos filhos mais velhos, de que em conflitos entre irmãos, os pais privilegiam os filhos mais novos. Embora os pais neguem, a observação mostra que, frequentemente, tais queixas procedem. É comum a tendência a proteger o mais fraco. Além disto, por considerar que os filhos mais velhos tem maior maturidade que os mais novos, os pais atribuem a eles a responsabilidade de não ter evitado o conflito. Esta postura tendenciosa tende a prejudicar ambos os filhos. O mais velho acaba por se rebelar, por considerar o limite injusto, podendo, posteriormente, até deslocar a raiva para o irmão mais novo. Quanto ao mais novo, pode utilizar esta situação para iniciar o conflito e assumir o papel de vítima quando o irmão reage, indispondo os pais com o irmão, fechando assim o ciclo vicioso. O mais aconselhável, no caso de não ser possível identificar quem iniciou o conflito é que ambos ou nenhum deles receba o castigo.

Pais que conseguem, com mais frequência, ministrar limites objetivamente, elaborando, nestes momentos, sentimentos como raiva, dó e culpa, reforçam sua autoridade perante os filhos. Colocar limites de maneira adequada é uma habilidade a ser constantemente aprendida. Este exercício propicia não só aos filhos, mas também aos pais o desenvolvimento pessoal.

Dificuldades para se colocar o limite de ação

Vários são os argumentos dos pais ao se oporem ao limite de ação, ou para justificarem a inviabilidade de aplicá-lo. As alegações citadas abaixo evidenciam o fato de que não só os filhos apresentam dificuldade em receber limites, mas também os pais encontram regularmente dificuldade em ministrá-los.

"Nosso filho não se importa quando colocamos limite."

A observação do comportamento de crianças e adolescentes, quando envolvidos em disputa de poder com os seus pais, permite constatar que a manifestação de indiferença aos limites é uma estratégia comumente utilizada. Trata-se de uma atitude, na maioria das vezes, intencional e consciente. Nestes casos é necessário que os pais fiquem atentos para não se levarem pelas aparências. Um equivalente a isto acontece numa luta de boxe: quando um pugilista é atingido pelo adversário, ele faz movimentos de pernas para mostrar que não sentiu o golpe. Outro exemplo mais pueril pode ser dado pela observação de duas crianças de cinco anos que discutem entre si. De repente, uma ataca fisicamente a outra. A que foi agredida diz: Não doeu!

Mesmo na remota hipótese de que o filho realmente esteja desvinculado (desapegado) de atividades prazerosas específicas, e não se importa tanto com a retirada destas, substituindo-as por outra, o castigo deve ser ministrado, pois sua função principal é propiciar noção de consequência.

"Nosso filho não acata os limites."

Ao colocarem este argumento, fica evidente a dificuldade destes pais em assumirem a posição de autoridade. Nas relações familiares os pais constituem a autoridade primeira. São eles os detentores do poder. Quando o filho não acata o limite de ação, é "dever"dos pais buscar formas de fazer com que ele obedeça. Se os pais não conseguem isto, o filho ficará prejudicado em seu desenvolvimento pessoal. Se ele não aprender a respeitar limites em casa, terá dificuldade quanto à sua adaptação ao meio social, onde os limites apresentam-se mais contundentes do que os normalmente ministrados pelos pais. A pergunta mais comum dos pais nestes casos é: mas, então, como fazer com que meu filho acate os limites?

O primeiro passo é os pais tomarem a decisão de que para o bem de seu filho é necessário que ele cumpra os limites e de que, cabe a eles (pais), a responsabilidade de propiciar condições adequadas para que isto aconteça. No segundo momento é necessário que os pais aceitem lidar com o previsível conflito. A criança ou adolescente que não está habituada a obedecer tende a não aceitar a mudança de postura dos pais passivamente, ela resistirá. A fala de uma adolescente em uma sessão de psicoterapia ilustra bem esta situação: "Minha mãe começou a colocar limites e exigir que sejam cumpridos. Isto não é justo. Ela não me acostumou a isto e agora quer que eu obedeça."

Para que os pais consigam perseverar na busca de seu papel como autoridade familiar, o estímulo principal é manterem-se conscientes da formação pessoal que, a longo prazo, buscam para o filho.

– "Nosso filho fica mais agressivo e mais agitado quando colocamos limite."

Temos aqui uma variação do mesmo tema citado acima, ou seja, uma dificuldade dos pais em manter uma postura de autoridade e o receio de lidar com situações de conflito que requerem uma agressividade elaborada por parte destes pais. Quando os pais assumem com determinação e persistência a responsabilidade de sua autoridade, de sua condição de educadores, conseguem colocar limite com maior firmeza e serenidade. Quanto à agressividade do filho, não há problema em que sinta raiva diante de suas frustrações, desde que não se mostre violento e não desrespeite os pais. Caso isto aconteça, é conveniente intensificar a punição, ou acrescentar outra.

Quando os pais se mantêm centrados em seus objetivos, sentem-se menos temerosos e culpados diante da raiva ou tristeza do filho.

Alguns adolescentes tornam-se tão agressivos em sua disputa de poder com os pais que, ao receberem um limite, ameaçam uma auto violência. Nestes casos, os pais devem procurar um profissional que possa avaliar até que ponto há uma depressão, um risco maior de suicídio, ou se é apenas uma estratégia violenta de manipulação. No primeiro caso, aconselha-se uma aproximação afetiva dos pais, medicação, em casos de riscos eminentes, psicoterapia e, gradativamente, introdução de limites.

No segundo caso, aconselha-se limites, e uma gradativa aproximação afetiva, pois a relação de poder cristalizou-se de forma intensa.

O filho, percebendo a persistência dos pais em assumir a posição de autoridade que lhes pertence por direito, acabará desistindo de uma posição radical e violenta na sua relação com os pais. E se não desistir, pelo menos os pais terão cumprido sua responsabilidade, propiciando uma possibilidade de mudança para seu filho.

"Não temos como colocar limites, pois não ficamos em casa para vigiar."

Nesta afirmação já está implícito que este filho ainda não conseguiu o que chamamos de internalização de limites. Se ele está dentro do período de desenvolvimento em que ainda é normal a não internalização das regras, é adequado que a aplicação dos limites seja acompanhada pelos pais, mesmo porque, nestes casos, o tempo destes castigos tem que ser breve. No caso de crianças acima de sete anos ou adolescente que, apesar da idade ainda permanecem imaturos neste item, há muitas formas de ministrar limite de ação que, mesmo com a distância dos pais, sejam passíveis de serem cumpridos. Este tipo de afirmação dos pais revela muito mais uma dificuldade parcial ou total de colocar limites do que sua impossibilidade. Esta dificuldade pode ocorrer em função da culpa dos pais (a mais comum atualmente é devido ao fato de ambos trabalharem fora); receio de uma intensificação de conflitos; receio de que com a intensificação dos limites o filho possa tornar-se mais rebelde; uma parcial indisponibilidade dos pais para investirem seu tempo e sua energia.

Em uma sessão de orientação aos pais de um adolescente ficou evidente que estes, já há algum tempo, assumiam uma posição de aceitar que o filho estabelecesse um processo de relação de poder com eles, na qual os pais tentavam colocar limites até um ponto, mas depois desistiam.

"Não tem como colocar limites em nosso filho, porque ele não obedece. Nós proibimos que ele usasse o computador e descobrimos depois que ele não nos obedecia. Passamos a tirar o *modem* quando íamos trabalhar. Descobrimos depois que ele estava esperando que fôssemos dormir para usar o computador. Passamos a retirar o *modem* quando íamos dormir. Posteriormente, ficamos sabendo que ele estava frequentando *Lan House* o dia inteiro. Aí desistimos de tirar o computador porque preferimos que ele use em casa do que em *Lan House*."

Quando foi perguntado a esses pais se foi acrescentado algum outro limite pelas desobediências do filho, eles nem entenderam a pergunta. Ao ser elucidada a pergunta, responderam que não havia sido acrescentado nenhum outro limite, mesmo porque eles não estavam conseguindo fazer cumprir nem aquele. Quando perguntado como o filho conseguia dinheiro para frequentar *Lan House*, os pais explicaram que ele tinha uma mesada. O terapeuta questionou se tinha sido cogitado tirar essa mesada como forma de punição. Os pais responderam que não. A mãe disse que não teria coragem de fazer isso porque considerava que o filho poderia ficar muito revoltado e fazer coisas até piores do que já fazia, que o filho desde criança comportava-se assim, ao ser colocado um limite ele não brigava, mas arrumava um jeito de burlá-lo.

Concordamos que existem alguns casos em que é mais difícil o ministrar limites. Mas principalmente estes casos, necessitam ainda mais de que a punição seja aplicada, proporcionando ao adolescente a oportunidade de perceber que as suas ações sempre terão consequências.

– "Não sabemos qual o melhor limite a ser colocado."

Quando os pais fazem este tipo de questionamento já se evidencia um afastamento do mundo afetivo do filho. Quanto mais próximos, quanto maior a intimidade com o filho, mais fácil para os pais saberem as preferências do filho e até mesmo seus apegos e possíveis compulsões. Na busca de maior equilíbrio entre atividades mentais e físicas, sempre se limita onde há mais excesso. Se por ventura não houver um exagero em nenhuma área, os pais devem seguir como referência seus próprios valores acerca do que é mais saudável para seu filho, limitando aquelas atividades que considerem menos importantes. Atualmente, o número de jovens que se indispõem para a prática dos esportes tem aumentado muito. Concorrendo com este, no interesse dos jovens entrou a televisão, o computador, vídeo game. Nestes casos, cabe aos pais direcionar os limites de forma a evitar exageros. Normalmente, não é difícil encontrar um limite a ser colocado, pois se o filho está com dificuldade em seguir regras, apresenta baixa tolerância à frustração e tendência à compulsão às atividades lúdicas ou de lazer. Ao perceberem estas possíveis compulsões os pais devem direcionar seus limites para elas. Isto propicia ao filho desenvolver noção de consequência, assim como a possibilidade de maior disciplina sobre suas compulsões.

– Não adianta colocar limites, pois nosso filho apesar do limite continua transgredindo"

Esta frase pode ser analisada de duas formas:

1. Coloca-se um limite para uma transgressão e esta é repetida posteriormente.

Neste caso, é necessário considerar a idade do filho. Como já foi dito, até aproximadamente 6 anos, a criança está vivendo um processo de internalização da lei. Portanto é normal que os limites sejam colocados e ela volte a transgredir. Mas é necessário que os pais continuem colocando os limites para que os filhos os internalizem. A partir dos sete anos, dentro de um processo normal de maturação, ao ser colocado o limite à criança, pelo menos a curto prazo, ela não repete a transgressão. No entanto, se acontece a repetição da mesma transgressão, após o limite de ação, algumas possibilidades devem ser consideradas:

- Uma dificuldade de entendimento intelectual do limite proposto.
- Uma imaturidade levando ao atraso no processo de internalização.
- Uma rebeldia explícita à autoridade
- Uma compulsão que dificulta a obediência ao limite.
- Considera que o limite é injusto, recusando-se a aceitá-lo.

É importante primeiro distinguir a natureza da dificuldade. Se for o caso de baixa compreensão cognitiva é indicado usar o reforço positivo verbal. Se a dificuldade for emocional deve-se observar e buscar entender o que está ocorrendo para que haja uma melhor atuação dos pais. Quando há a imaturidade, a frustração provocada pelo limite pode propiciar à criança uma maior ligação entre passado, presente e futuro, imprescindível no processo maturacional.

No caso de rebeldia, a colocação do limite de ação reafirma a autoridade dos pais, dando ao filho uma melhor noção de sua condição hierárquica. Se houver compulsão, sendo os responsáveis pela criança ou pelos adolescentes, é conveniente que os pais participem no processo de disciplina, necessário para se lidar com as compulsões. Caso a transgressão ocorra por ser considerado injusto o limite, ouvir e ponderar a argumentação do transgressor. Se a argumentação convencer os pais, retira-se o limite, se não convencer é necessário mantê-lo.

2. Coloca-se um limite e novas transgressões acontecem.

Esta afirmação é totalmente verdadeira. Os pais colocam limites e os filhos continuam transgredindo. Na verdade, todos nós continuamos transgredindo. Algumas destas transgressões são saudáveis e outras não. Isto faz parte da dinâmica dos limites. Ninguém está totalmente pronto, nem mesmo os pais. Podemos concluir então que, quando os pais fazem este tipo de argumentação para invalidar a aplicação dos limites, estão na verdade adotando um referencial de perfeição, demonstrando uma rigidez egoica que os leva à imobilidade. É como se eles agissem da seguinte forma: já que não dá para se conseguir uma estabilidade total (que seria inadequada), é melhor nem agir.

Outra possibilidade é que os pais estejam utilizando esta dinâmica (limite-transgressão), própria da educação, para justificar sua inércia, sua indisponibilidade.

CAPÍTULO VII

Sociedade e limites

A sociedade de nosso país tem apresentado uma endêmica postura aética das autoridades políticas. Mas é importante ressaltar que essa postura está disseminada dentro do cotidiano de nossa sociedade. Percebemos que o número de pessoas éticas é maior, mas em nossa sociedade ainda há muita corrupção, supervalorização do status econômico, e, principalmente, uma das maiores desigualdades de renda do mundo. Esta situação social explosiva tem consequências na educação de todos os jovens, independente da classe social. Um jovem de classe econômica muito baixa precisa ter uma estrutura pessoal e familiar muito equilibrada, para buscar enquadrar-se socialmente de forma ética, num sistema em que a desigualdade se faz tão gritante. Num país em que as próprias autoridades são exemplo de que os fins justificam os meios, em que a riqueza pessoal torna-se mais importante do que o bem coletivo e, principalmente, onde as transgressões dos poderosos ficam impunes, torna-se difícil para muitos jovens, mesmo da classe média e alta, acreditarem em regras sociais e ética. Muitos acabam se marginalizando. Os mais pobres pela violência direta, física. Os mais ricos, pelo caminho do enriquecimento ilícito, sem ética, onde os interesses pessoais constituem o único referencial de conduta. A violência direta tende a chocar por ser incisiva, mas, com certeza, a violência política e ética (oportunismo, falta de uma ideologia, corrupção, cinismo) é, socialmente, mais letal.

A tensão resultante da violência social reflete, naturalmente, no comportamento dos pais com os filhos. Nas classes média e alta, o medo de assalto, agressões está cada vez maior. A influência desta situação no comportamento dos pais na educação dos filhos não pode ser desconsiderada.

Os testes projetivos de crianças tem apresentado um contínuo aumento de ansiedade persecutória e a percepção do meio como mortalmente perigoso. A incidência de ansiedade persecutória aumentou tanto, que o que antes era patológico, exceção, agora está se tornando norma. O número de crianças e adolescentes que sofrem pequenos assaltos e agressões aumentou de forma impressionante nos últimos anos. Estes delitos não aparecem nas estatísticas oficiais, pois os pais, na grande maioria das vezes, não fazem o boletim de ocorrência, por não acreditarem no trabalho dos órgãos de segurança. De certa forma, muitos jovens mantêm-se em estado de sítio, pois lhes é proibido circular livremente na rua, devido ao medo que os pais ou os próprios jovens tem de sofrer algum tipo de agressão.

É importante que os pais tenham consciência do alto preço que está sendo pago por esta distância social. Alguns se refugiam na suposta segurança dos condomínios. Outros se refugiam em apartamentos, aparelhos de segurança, carro blindado, guarda-costas etc. Esta defesa, tem que ser percebida como apenas um paliativo e não como solução. Os filhos acabam vivendo numa semi reclusão. Quando se locomovem, não podem fazer o exercício mais básico de todos, ou seja, andar. Necessitam ser levados pelos pais aos lugares. Isto intensifica a dependência dos filhos para com os pais, bem como o medo do meio. Contribui também para aumentar o sedentarismo dos jovens, a reclusão com a consequente compulsão ao uso de computador, televisão, celular e videogame.

Atualmente, nas cidades, o medo é uma constante. Quando um filho sai de casa, tem que ficar em constante contato por celular. Este por sua vez é um grande atrativo para os marginais. Quanto às crianças pequenas, foi-se o tempo em que o maior medo era de elementos sobrenaturais. O medo atual é de ladrão invadir o lar. O ser humano experimenta a ansiedade, tanto na situação de perigo, quanto diante da possibilidade deste. Esta preocupação perante as ameaças do meio, pode ocorrer não apenas quando o próprio indivíduo se sente ameaçado, mas também quando estão envolvidos aqueles que lhe são próximos afetivamente.

Uma das bases dos limites, das regras é o princípio de que estas se aplicam de forma igual para todos, sem distinção. Se este princípio é violado, seja numa competição esportiva, no relacionamento pessoal, ou no campo social, haverá uma focalização no resultado, no ser admirado, ou se mostrar superior, abandonando a ética, o prazer da competição, o ganhar pelo merecimento.

Nossa guerra civil não é de etnia, não é religiosa, nem de grupos minoritários que reivindicam seus direitos para uma maioria. É uma guerra dos que têm e dos que não têm melhores condições econômicas. Uma guerra sem qualquer motivação de um ideal, onde tanto um lado, quanto o outro busca, na maioria das vezes, apenas ganhos pessoais.

Para que tocar neste assunto incômodo, quando deveríamos estar tratando de maneiras adequadas de educar os filhos? A questão é que este sério problema social está intimamente relacionado com novas posturas de educação, baseadas no medo. Citemos algumas:

1. O aumento do nível de ansiedade dos pais, quanto ao meio em que vivemos, tem como consequência o aumento do controle sobre os filhos, uma tendência à superproteção, levando os filhos a permanecerem mais dependentes dos pais e, em alguns casos mais radicais, a uma quase prisão domiciliar dos filhos.
2. A constante mensagem de que o meio em que vivemos é, mortalmente perigoso, como se ele pudesse muito mais nos agredir, do que nos ajudar. Esta, naturalmente, é uma postura que eleva o nível de ansiedade dos pais e dos filhos, e tira-lhes a oportunidade de acreditar na verdadeira função de viver em sociedade, que é a cooperação entre seus membros.
3. Limites são regras. Uma das funções da regra é aprender a enxergar que todos tem o mesmo direito. Emocionalmente equivale a sair do egocentrismo e aceitar o outro como indivíduo, como uma realidade tão válida quanto a nossa. Esta é a precondição para se viver em sociedade. Se na convivência social esta premissa é constantemente desconsiderada, a tendência será de um aumento de indivíduos que desrespeitam as regras (sociais e familiares), independente da classe social.
4. Este tipo de organização social tem como força mantenedora o medo e nunca o respeito. Fica mais difícil, dentro de tal sociedade, buscar dentro do sistema familiar, uma forma educacional baseada no respeito.
5. A história ensina que, quando um povo está excessivamente descrente com a atuação de seus parlamentares, pode desejar que surja um salvador da pátria, que exercerá um regime autocrático e autoritário. Consideramos que esta possibilidade seria um

risco na educação, pois abandonaria a busca do entendimento dentro do conflito de opiniões.

6. O medo é o principal motor da violência. Numa sociedade em que impera o medo, a possibilidade de aumentar a violência é óbvia. Nesse contexto, os pais que buscam educar os filhos dentro de um sistema de maior tolerância, e de cooperação com o outro, chegam a ser classificados de ingênuos, de não estarem preparando os filhos para a real sociedade em que vivem. Discordamos desta crítica. Consideramos que o fato dos pais educarem seus filhos de forma ética, não exclui sua capacidade de se defender perante o meio.

CAPÍTULO VIII

Educar: destino ou livre arbítrio

Existe na sociedade atual (muitos preferem dizer moderna), uma mudança de postura com relação à crença no destino. Esta mudança tem uma influência determinante na forma como as pessoas sentem, percebem e atuam no meio ambiente. Há um deslocamento da ênfase na providência divina, no destino, para uma focalização no livre arbítrio, na capacidade ativa e proativa do indivíduo perante o meio.

O estudo de outras culturas e da história de nossa própria civilização mostra-nos o predomínio da crença no destino. Acreditar no destino significa considerar a existência de forças acima da realidade cotidiana, capazes de determinar acontecimentos específicos na vida do indivíduo. Neste sentido, o destino estaria ligado ao fator religioso, espiritual, e o livre-arbítrio à independência de ação, à autonomia em decidir os próprios caminhos.

Quando consideramos o fator religioso, temos que entrar no campo das crenças. Como é citado por Jung: "Não existe nenhuma prova de que Deus existe, mas também não existe nenhuma prova de que ele não existe" (Jung, 2008). Então, há aqueles que creem em Deus, e aqueles que não creem. É claro que todos têm o direito de crer no que quiserem. Mas o que vemos atualmente é que os adeptos da religião moderna – o "cientificismo" – assumem uma posição de superioridade de sua crença. É como se a ciência tivesse a palavra final para tudo. Esta postura é contraditória, pois a própria evolução da ciência é feita de quebra de paradigmas, mostrando que ela não se impõe através de verdades absolutas, de respostas finais, mas através da busca contínua da melhor interpretação da realidade, dos fenômenos.

Os adeptos do cientificismo não acreditam no destino mas, eventualmente, o transpõem de forma até mais radical para um determinismo genético. Acreditam que um dia poderão controlar todas as variáveis genéticas, familiares e sociais. Os mais fanáticos creem até que já se pode fazê-lo. Muitos cientificistas acreditam que o moderno, o novo é sempre melhor. Isto está associado ao desenvolvimento da tecnologia. Um videogame novo sempre terá melhor gráfico. Um carro último modelo sempre trará inovações que o fará melhor que o anterior. Muitas vezes, se faz uma transposição destes avanços tecnológicos para tudo, incluindo teorias, conhecimento, e até para as pessoas. Somos a sociedade do novo, e esta é uma das bases da sociedade de consumo. Não se trata aqui de censurar ou rechaçar a ciência, e sim de estar atento ao risco de assumir posições extremadas, fanáticas, que dificultam uma visão objetiva da realidade.

Quais seriam as vantagens e os riscos da educação de filhos regida pela aceitação do destino, e daquela regida pela aceitação do livre arbítrio?

Destino

"A flecha, solta no ar, exclama cheia de alegria: Por Alá! Sou livre! Sou livre! Engana-se! Já tem o seu destino marcado pela pontaria do atirador" (Malba Tahan, 2003).

Ao acreditar que a vida é regida pelo destino, o indivíduo pode aceitar mais facilmente os acontecimentos, ou assumir a posição de vítima. Por exemplo, quando os pais aceitam que ter filhos é parte de seu destino, podem ter mais paciência diante das dificuldades inerentes à educação. Por outro lado, assumindo a posição de vítima do destino, tornam-se ressentidos diante das dificuldades.

A crença no destino pode tornar os pais menos culpados com relação à educação, pois aceitam melhor que nem todas as variáveis são controláveis, e que o comportamento do filho não está associado só à educação. As próprias limitações pessoais dos pais podem ser consideradas como fazendo parte do destino do filho.

O risco que se corre é o determinismo excessivo, a priorização da impotência do ser humano, levando à indolência, deixando de assumir a busca de mudanças pessoais e adaptação ao dinamismo constante, inerente ao processo educacional dos filhos. Outro risco é do indivíduo ficar indeciso se determinada escolha faz parte ou não do seu destino.

Ao acreditar no destino, tem-se uma séria questão a considerar: como saber diante de mais de um caminho a escolher, qual realmente está ligado ao destino. Por exemplo: a decisão de ter ou não filhos. E mais, existe algum tipo de sinal a ser identificado no ambiente que dê alguma noção do caminho a ser percorrido? Aqueles que têm esta crença, estão implicitamente aceitando que uma força maior direciona suas vidas. Neste caso, é necessário estar atento aos próprios sentimentos, e aos sinais do meio, buscando uma melhor sintonia a esta força onipresente, para fazerem uma avaliação intuitiva de qual caminho seguir.

Livre arbítrio

A aceitação do livre arbítrio pode estimular o desejo de realização e superação do ser humano, motivando-o a entender e atuar na realidade que o cerca. A sociedade atual acredita cada vez mais na possibilidade de uma atuação mais abrangente do indivíduo em sua própria vida. Esta postura tem como principal característica a focalização do indivíduo em suas potencialidades. Acreditar que se tem a capacidade de atuar e mudar uma determinada realidade pode trazer uma sensação de realização e liberdade. Em se tratando da educação de filhos, ao utilizarem esta premissa com bom senso, os pais podem aceitar o direito do filho de, gradativamente, fazer suas escolhas. Assim como os pais, o filho tem o direito de atuação sobre a realidade. Mas quando exagerada, poderá impedir o indivíduo de perceber até quando pode atuar, não aceitando suas limitações ou o direito de atuação do outro. Exemplo disto são aqueles pais que em sua vida pessoal são dinâmicos, determinados em sua atuação cotidiana. Mas no relacionamento com os filhos mantêm uma posição de direcionamento, mesmo quando estes já tem condições de atuar na realidade fazendo suas próprias escolhas.

Outro risco da radicalização do livre arbítrio, é os pais incorporarem a postura onipotente do cientificismo na educação dos filhos. Nestes casos, pais tendem a abandonar o uso dos limites na educação e extrapolar no uso do controle. As transgressões dos filhos deixam de ser aceitas como um processo natural no desenvolvimento, e passam a ser sentidas pelos pais como uma ameaça a expectativas positivas ou confirmação de temores quanto ao futuro do filho. Em prol de uma falsa segurança, os pais acabam perdendo a tranquilidade e dificultando o relacionamento com os filhos. Aqueles que acreditam de forma exagerada no livre arbítrio, correm o risco de entrar num processo megalomaníaco, crendo na possibilidade de um controle absoluto da realidade.

Aceitar o acaso (ou destino) diminui a ansiedade perante as incertezas da vida. Por outro lado, quando os pais exercem o livre arbítrio, atentos à fluidez da realidade atual do filho, dão a este um conjunto de limites, de referenciais necessários para atuar dentro de um determinado contexto social. A conjugação das duas posturas permite perceber que é impossível controlar todas as variáveis, mas que existem aquelas sobre as quais se pode assumir a responsabilidade de atuar.

CAPÍTULO IX

Limites e escola

Crianças de pouca idade, ao iniciarem a vida escolar, tendem a apresentar resistência a se separarem dos pais. Mas à medida que se adaptam a nova situação, geralmente apresentam facilidade em aceitar a escola, devido ao fato das atividades propostas serem, em sua maioria, lúdicas. Mas quando se inicia o processo de alfabetização, e as atividades pedagógicas exigem maior disciplina e empenho da criança, é comum aumentar a resistência às atividades escolares.

Uma criança não escolhe estudar, ela não tem maturidade para isto. Quem decide que ela vai para a escola são os pais. Podemos inclusive afirmar que nem são os pais, já que eles são obrigados por lei a educar seus filhos. Apesar dos esforços louváveis dos educadores para tornar o ensino mais prazeroso, a escola é, ainda, para muitas crianças uma obrigação a ser cumprida, à qual muitos se rebelam. É interessante observar que, nos primeiros anos do ensino fundamental é mais comum os meninos se rebelarem contra a obrigação de estudar do que as meninas. Alguns dos fatores que determinam esta diferença são:

- Em nossa sociedade, apesar das mudanças, o sexo masculino ainda tem mais apego às diversões (mania) do que o feminino. Na verdade, algumas brincadeiras de meninas, como, por exemplo, cuidar de bonecas, brincar de escolinha, constitui uma representação lúdica de atividades que elas poderão praticar no cotidiano. As brincadeiras dos meninos tendem a ser mais distantes de atividades que eles praticarão no cotidiano.

- A observação de brincadeiras infantis mostra que as meninas, geralmente, são mais afeitas às atividades que envolvem motricidade fina e requerem quietude e concentração por períodos maiores de tempo, o que propicia às meninas melhor adaptação às necessidades escolares. Por sua vez, os meninos preferem brincadeiras que envolvem movimentos rápidos e coordenação motora grossa, de tal maneira que se torna difícil para eles aquietarem-se por períodos prolongados, como é exigido na rotina escolar.
- Apesar das mudanças socioculturais, mesmo atualmente há maior expectativa dos pais, ainda que velada, quanto ao desempenho escolar do filho, pois este é visto como futuro provedor. Tal expectativa funciona como fator ansiógeno, ao qual ele pode rebelar-se.

À medida que a criança cresce, poderá, intelectualmente, até reconhecer a necessidade da escola como preparação para o futuro profissional, mas é comum permanecer, associada às experiências iniciais de alfabetização o sentimento de perda do lúdico (princípio do prazer), devido a imposição da obrigação escolar (princípio da realidade). A cristalização deste sentimento pode persistir até a idade adulta, onde não haverá espaço para a curiosidade e o prazer de estar sempre aprendendo.

A função dos educadores é encontrar formas motivadoras de ensinar, promovendo a criatividade e inserindo o conhecimento dentro do contexto diário do jovem. Desta forma o jovem, por sua vez, na medida em que adquire maturidade, poderá transformar a resistência às obrigações escolares em compromisso com o conhecimento.

O que os pais podem fazer para ajudar nessas transformações?

Como podem contribuir para que seu filho possa vir a se tornar não apenas um indivíduo eficiente e competitivo, mas alguém motivado à busca da realização pessoal e do conhecimento?

As seguintes posturas paternas podem ajudar neste processo:

1. Estimular a independência.
2. Desfocalizar o prazer e focalizar na realização.
3. Desfocalizar o resultado e focalizar a atitude.
4. Aceitação do erro pedagógico.
5. Enfocar acertos e erros.

6. A necessidade do humor.
7. Ensinar a pensar sobre um tema.
8. Balanceamento entre aquisição de informações e criatividade.
9. Exemplo dos pais.

1. Estimular a independência

Quanto mais nova a criança maior a necessidade de acompanhamento na execução das atividades escolares. Este acompanhamento deve acontecer de forma a permitir que a criança realize suas tarefas, mesmo que cometa erros e tenha que refazê-las. Em se tratando de atividades artísticas (trabalhinhos), produção de texto, pesquisas, é necessário estimular o empenho, mas aceitar o resultado dentro do que é possível para a criança naquele momento, e não como os pais, a professora ou a escola gostariam. À medida que a criança cresce e avança em sua experiência escolar, o acompanhamento das tarefas pelos pais ou responsáveis deve ser gradativamente retirado. No início os pais acompanham os filhos lendo as tarefas para eles. Depois de certa idade deixam que os filhos façam a tarefa, apontando, quando houver acertos e quando houver erros. Posteriormente há apenas a observação se fez as tarefas escolares. Por último apenas uma supervisão geral da postura escolar.

É comum casos de crianças acima de sete anos e adolescentes em que foi mantido o acompanhamento integral dos pais ou terceiros. Na maioria das vezes em que perdura um quadro de controle intensivo das tarefas escolares, a dinâmica familiar associada caracteriza-se por um pai distante, no que se refere a ministrar limites, ou mesmo quanto às relações familiares de maneira geral, uma mãe controladora e filho imaturo e passivo. O controle visa garantir que o filho faça as tarefas e não cometa erros, na tentativa de impedir o possível fracasso escolar.

Segue alguns exemplos de controle escolar:

- Uma criança de dez anos reclama que sua mãe a atormenta o dia inteiro para fazer a lição de casa. Este método de convencer o filho a cumprir suas tarefas demonstra dificuldade dos pais em exercer autoridade, e falta de organização da rotina escolar do filho. Observamos que o controle revela-se pouco eficaz, na medida em que mantêm o filho dependente da supervisão dos pais, e não propicia oportunidade para que ele assuma a responsabilidade da decisão de fazer as tarefas escolares ou assuma as consequências de não fazê-las.

- Um adolescente relatou em tom de reclamação que faltou à aula porque sua mãe não o acordou a tempo. Ao ser questionado se possuía despertador ou celular alegou que tinha, mas não adiantava, porque ele só conseguia acordar quando sua mãe o chamava. Vale ressaltar que uma das queixas da mãe deste adolescente era justamente o fato de ter que insistir diariamente para que ele acordasse, e que, muitas vezes, ele acabava perdendo a aula. No entanto, nos finais de semana em que havia alguma atividade de seu interesse o rapaz conseguia acordar por si mesmo. Esse adolescente transferiu a responsabilidade de acordar e ir à aula para sua mãe, e ainda se fazia de vítima quando esta não obtinha êxito em acordá-lo.
- Um menino de doze anos estava falando sobre a escola. De repente deu uma boa risada e disse: "Minha mãe vai ficar apavorada. Acabo de lembrar que amanhã tem prova de matemática". Um nível de passividade deste impressiona, chega a ser cômico. No emocional deste menino ele não tinha nada a ver com aquilo, era um problema da mãe.

Sempre que possível, é melhor limitar do que controlar. O limitar consiste em deixar bem claro as regras. Uma vez que estas regras não sejam cumpridas, os pais devem colocar um limite de ação. Voltando ao primeiro exemplo acima, estabelecer horário de estudo. Caso o filho, passado horário não tiver cumprido o combinado, deverá receber um castigo. Quanto ao caso do adolescente, deixar que ele acorde sozinho para ir à escola. Caso não consiga, a consequência será um castigo.

O controle busca impedir, pelo constante cerceamento, que o filho transgrida. O limite de ação é ministrado caso haja transgressão após ter sido colocado o limite verbal.

Educar o filho pelo excessivo controle é propiciar a ele uma proteção que ele não receberá da sociedade.

2. Desfocalizar do prazer e focalizar na realização

Alguns pais tentam convencer os filhos de que devem gostar das atividades escolares. Quando realizada de forma verbal, esta tentativa de unir o Princípio do Prazer ao Princípio da Realidade torna-se infrutífera. Além disto, se os pais focalizam a questão no prazer de realizar a tarefa, o filho pode acreditar que está desobrigado de realizá-la, uma vez que isto não lhe traz nenhum prazer. Outra possibilidade é a de que o filho execute as tarefas, assumindo a postura de vítima. A postura do sofredor que tem que ir à aula, fazer os deveres apesar de não gostar.

Quando há uma dificuldade escolar, cada caso deve ser analisado adequadamente, tentando ajudar o filho em sua dificuldade específica, mas a comunicação padrão que os pais devem transmitir ao filho é a de que ele "tem" que estudar, quer goste ou não. A escola é uma necessidade e não pode ser tratada como opção. Quanto mais rápido o filho aceita este fato, mais cedo desenvolve a disciplina interna que lhe permite atuar em circunstâncias da vida que não correspondem à sua preferência dentro de um contexto mais imediato, mas que são necessárias à formação pessoal e à realização de projeto de vida. À medida que a criança avança na escolaridade, os conteúdos pedagógicos crescem em quantidade e dificuldade, portanto mais incisiva deverá ser a postura dos pais, pois maior será a necessidade de adaptação à realidade. Por incisiva queremos dizer não apenas exigir que a criança faça as atividades, mas que "dentro da capacidade da criança", estas sejam feitas da melhor forma possível.

Outro aspecto a ser considerado é a maneira como os pais vivenciam suas atividades profissionais. O que normalmente se percebe é que o trabalho é sentido como uma carga ou um mal necessário. Se a atitude predominante dos pais é esta, o mais prático e coerente é, em sua comunicação com o filho, que os pais se focalizem na necessidade de realização da tarefa. E, se por acaso, os pais já conseguem a maturidade de aproximar o princípio da realidade ao princípio do prazer, se para eles o trabalho deixa de ser obrigação para ser compromisso, mesmo assim não é justo que eles esperem esta postura de uma criança ou de um adolescente. Portanto, mesmo nestes casos, o mais adequado é focalizar no ter de fazer, permitindo ao filho condições para, mais tarde, em sua evolução pessoal, realizar uma maior união entre suas tarefas cotidianas e o prazer de aprender.

3. Desfocalizar resultados e focalizar a atitude

Esta é uma orientação que encontra muita resistência emocional dos pais. Muitos não concordam e outros, quando concordam, o fazem teoricamente, mas não conseguem realizá-la. Numa sociedade tão competitiva, focalizada em resultados é muito difícil focalizar na atitude. Como não se preocupar com as notas do filho? Como ficar impassível diante de notas ruins? Ou, ainda: Como não se entusiasmar com uma boa nota? Afinal de contas, sem boas notas o filho será reprovado no ano letivo.

Os alcoólatras anônimos adotam uma excelente estratégia para a pessoa que deseja parar de beber. Esta estratégia, tem como objetivo a diminuição da ansiedade, focando a decisão no aqui e agora, e desfocalizando do futuro longínquo." Hoje eu não vou beber", ou em alguns casos, "Na próxima hora eu não vou beber".

Uma estratégia parecida pode ser usada pelos pais na educação do filho. A intenção é diminuir a ansiedade perante a grandiosidade da meta. Não se focaliza na nota da prova, do bimestre, no ser aprovado no final do ano, no vestibular, ou na realização profissional. A exigência fica restrita ao dia a dia, à aula, à tarefa de hoje. Reduzindo a expectativa em relação às tarefas para o aqui e agora a ansiedade diminui tanto para os pais quanto para os filhos. Outro fator que os pais devem lembrar ao filho, é que, assumindo as tarefas escolares diariamente, a quantidade de matéria a ser estudada é menor, ficando mais fácil de assimilar.

Ao priorizar as atividades no aqui e agora, os pais focalizam três pontos básicos da vida do estudante:

- Prestar a atenção na aula.
- Fazer os deveres diários.
- Estudar a matéria dada no dia.

Reduzindo a tarefa ao dia, ou à próxima hora, o ego da pessoa sente-se menos ameaçado, sente-se capaz de realizar a ação. Mas por que o ego sente-se ameaçado quando a decisão de estudar é projetada para o futuro? O ego teme o desprazer. No caso de um estudante rebelde, ele faz uma oposição à realidade por considerá-la insípida e tediosa. Ele resiste por acreditar que o seu prazer está sendo retirado em prol da obrigação e de um consequente desprazer. Aos pais cabe a tarefa de estimular o filho dentro da sua realidade atual. A focalização na atitude reduz o medo do desprazer do rebelde. Como seu ego é imaturo, focaliza muito o aqui e agora em termos de prazer. A busca consiste em uma inversão, já que o que normalmente é postergado são as tarefas escolares. O jovem, neste caso, sente que está postergando o prazer apenas por um curto período de tempo. De maneira geral esta postura ajuda a criança e o adolescente a diminuir a compulsividade, o apego ao prazer imediatista. Neste caso, é necessário que os pais tenham paciência, já que, sendo reduzido o projeto à atuação cotidiana, há a necessidade, com aqueles mais imaturos, de colocar limites diariamente. Portanto, a busca de integração ao processo escolar ultrapassa a questão meramente pedagógica. É também um processo de redução de ansiedade e da manipulação compulsiva do prazer.

Quando se trata do aluno mais inseguro, que teme não dar conta de obter os resultados que ele ou terceiros esperam, a focalização na atitude o torna menos ansioso, menos temeroso de fracassar. A ideia é deixar de focalizar na própria impotência (ilusória ou não), e focalizar em fazer o que lhe é possível.

Há crianças e adolescentes que apresentam um nível de exigência tão alto que, mesmo obtendo notas consideradas boas, ficam insatisfeitos. Nestes casos, o alto nível de exigência, geralmente é uma postura familiar. Ele vem de duas possibilidades que às vezes apresentam-se juntas: um medo exacerbado do futuro, que leva à busca da excelência; ou de um desejo de projetar e manter uma imagem de pessoa altamente inteligente, já que este é um dos valores predominantes em nossa sociedade. Desta postura resulta um alto nível de ansiedade perante os exames escolares. Uma vez que o indivíduo se conscientize do alto nível de energia que é gasto para manter esta imagem e alimentar o senso de importância despertado pela admiração de terceiros, cabe decidir se o prazer trazido pela admiração, compensa o desprazer causado pela ansiedade e a alienação de si mesmo. Esta energia, se economizada, pode servir para o indivíduo centrar-se em suas próprias metas e valorizar o fato de ter se empenhado nas atividades.

Quando "realmente,"os critérios acima são seguidos e mesmo assim o filho não consegue um bom desempenho escolar, não há porque puni-lo, já que ele cumpriu a parte que lhe cabia. Assim o melhor é manter a mesma postura, e aguardar, sem maior ansiedade. Caso o baixo rendimento persista é importante que os pais, ou profissionais da área, verifiquem que variantes podem estar interferindo, se é um problema da instituição de ensino, de adaptação a esta, ou questões pessoais (emocional, intelectual, drogas).

Há casos de estudantes com inteligência acima da média que estudam muito pouco e tem um bom rendimento escolar. Se o enfoque é apenas nas notas, não há mais o que exigir destes alunos, pois eles estão cumprindo sua obrigação. Mas o que os pais devem considerar é que estes alunos não estão aproveitando adequadamente o seu potencial. Outra questão a considerar é que, à medida que eles vão avançando pedagogicamente, o grau de dificuldade escolar aumenta. Vai chegar um momento em que eles terão que estudar, o que será muito difícil, pois eles não adquiriram este hábito.

Se uma criança for educada de forma a focalizar na atitude, sua ansiedade e culpa perante a vida será menor. Os pais imbuídos desta postura, também sentirão menos culpa, pois atuarão dentro de suas possibilidades, e não dentro de um ideal que lhes escravizará.

Outra vantagem deste método é ser mais eficiente no combate à preguiça. Partindo do princípio que todos nós somos preguiçosos, considerando como preguiça uma resistência à mudança, uma inércia ou uma tendência à acomodação.

As formas mais comuns de preguiça segundo o budismo são:

- Afirmar que não consegue fazer algo, sem persistir em fazê-lo, ou ao menos tentar.
- Deixar para fazer depois.
- A dificuldade de priorização. Fazer coisas que não são prioridade, deixando aquela que seria a mais importante para o final, e muitas vezes deixando de fazê-la ou executando-a de forma insatisfatória.

Considerando que todos nós apresentamos em maior ou menor grau as características acima citadas, colocar as tarefas focalizadas no dia a dia, torna a luta contra a preguiça um exercício diário.

Ao focalizar nos resultados, a pessoa torna-se mais propensa a desejar a aprovação, o reconhecimento do outro, ou temer sua reprovação. Quanto mais o indivíduo se focaliza na aprovação social, maior o medo de não ser reconhecido. Está sempre se comparando com o outro, temendo ser pior ou acreditando ser melhor. A busca de melhores resultados tende a ser motivada pelo medo e pela necessidade constante de gratificação do senso de importância do indivíduo. Isto poderá chegar ao ponto de uma criança ou um adolescente colar, roubar em jogos, porque o que importa é o resultado final, ser reconhecido pelo outro como vencedor. Esta postura poderá persistir até no mundo adulto, onde muitas vezes a ética, a honestidade é abandonada em prol do sucesso. Em contrapartida, quando se focaliza na atitude, na ação, no desejo de melhorar, a pessoa buscará a excelência, sem preocupar-se em ter sucesso ou não. Desta forma, a pessoa terá seu senso de valor fortalecido, e estará livre para agir, independente da aprovação do outro.

4. Aceitação do erro pedagógico

A forma como alguns pais ou educadores se comportam diante do erro nas atividades pedagógicas contribui para o aumento de resistência das crianças à escola. Alguns adultos consideram o erro pedagógico apenas como rebeldia, um desafio à sua autoridade, e à sua pessoa. Estes adultos sentem raiva diante do erro da criança ou do adolescente. Esta raiva pode ser manifestada por agressão física, verbal, ironias, isolamento, entre outras violências. O sentimento de raiva está, normalmente, associado à ideia de que o ego foi injustamente atacado ou desconsiderado, ou seja, ao desaforo. O ego sente-se agredido, ofendido pela ação do outro. Se isto está acontecendo é sinal de que está prevalecendo, naquele momento, uma relação de poder entre o aprendiz e o educador. Consideremos as situações mais comuns que levam o adulto a sentir raiva diante do erro:

Reação à preguiça da criança

Pode parecer paradoxal, mas quando um educador (pais, professores etc.) reage com raiva à preguiça de uma criança ou adolescente é porque ele próprio está sentindo preguiça e tédio ao ensinar. Esta situação pode ser descrita da seguinte forma: "Eu estou aqui esforçando-me, sacrificando-me para ensinar-lhe e você não mostra a mínima disposição. Isto é um desaforo."

Quanto maior o tédio do educador ao cumprir uma 'obrigação', maior a raiva por não ter o seu sacrifício reconhecido. O que indigna esse educador não é o desinteresse pelo conhecimento ou a resistência à tarefa, já que ele próprio a cumpre como uma rotina desinteressante. O que o indigna é a desconsideração ao seu sacrifício, e, por extensão à sua pessoa. Ao não receber uma resposta reconhecedora de sua luta contra a preguiça, o seu senso de importância manifesta-se através da vitimizaçao e raiva.

Expectativa do adulto

Quanto maior a expectativa maior a chance de decepção. Muitas vezes, ao acompanharem seus filhos na execução das tarefas escolares os pais tendem a projetar o seu ideal de ego no desempenho dos filhos. A necessidade de provar ao meio social a própria competência estende-se à confirmação da competência do filho. O erro pedagógico então é sentido como uma ameaça à idealização que se projeta para aquele filho. Nesta circunstância há uma confusão entre o próprio desejo e o desejo do outro. O mau desempenho do filho é sentido como uma ameaça ao ego dos próprios pais. É muito difícil para os pais deixar de ter expectativa em relação ao filho. Alguns fatores inclusive contribuem para que a expectativa se intensifique:

Um deles acontece quando há uma distância entre a realização egoica dos pais e seu ideal de ego. Quanto maior esta distância, maior a tensão interna, ou seja, maior o sentimento de frustração e, consequentemente, maior a projeção do ideal de ego dos pais no filho.

Há também situações em que os pais exercem funções de grande reconhecimento social ou econômico, e esperam que os filhos espelhem-se nesta trajetória. Os erros, aí então, deixam de ser apenas um erro, mas significam um possível desvio de um caminho previamente traçado por estes pais.

Alguns profissionais da área pedagógica, sentindo-se inseguros quanto à sua atuação profissional, e constantemente ameaçados pelo julgamento do outro, podem também criar altos níveis de expectativa, com consequente possibilidade de frustração e raiva. Esta raiva pode manifestar-se através de uma desconsideração velada ou mesmo direta, do desempenho do aluno, ou da própria pessoa do aluno. Quase sempre, estes sentimentos e ações permanecem em um nível inconsciente.

Egocentrismo do adulto

Neste caso, há uma dificuldade do adulto de sair de seu próprio referencial. Como o conteúdo é fácil para a pessoa que está ensinando (naquele momento de sua vida), ela considera que também deveria ser fácil para a criança ou o adolescente. Em maior ou menor grau o ser humano tem dificuldade de aceitar que existem formas diferentes de perceber e atuar numa situação. Quanto maior a rigidez egoica, maior a dificuldade de aceitar o referencial do outro, podendo esquecer que este outro é um ser humano em evolução intelectual e emocional. Na medida em que consegue aceitar o referencial emocional e intelectual da criança ou do adolescente, o adulto fortalece sua tolerância. Colocar em perspectiva o referencial do outro possibilita que os limites sejam colocados com maior objetividade, adequados à realidade.

5. Enfocar acertos e erros

É comum, ao corrigirem as lições de casa ou diante de uma avaliação do filho, os pais salientarem os erros. Alguns filhos chegam a reclamar que seus pais desconsideram ou nem mesmo percebem os acertos em suas tarefas. Em determinados casos, esta situação chega a extremos: um pai argumentou com o filho que, se ele conseguiu nota nove e meio numa prova que valia dez pontos, era porque ele sabia a matéria. E se ele sabia a matéria, deveria ter obtido nota dez.

Algumas escolas, ao corrigirem textos chegam a tirar pontos, mesmo quando os alunos cometem erros referentes a conteúdos de gramática que ainda não foram estudados. O aluno é punido por uma transgressão a um limite que ele ainda desconhece. Esta atitude bloqueia a criatividade. Neste caso o aluno passa a escrever menos com receio de errar. Priorizar o erro aumenta a resistência escolar, uma vez que torna a experiência da aprendizagem ansiógena. Quando a autoridade prioriza o erro tende a aumentar a ansiedade diante da possibilidade deste, intensificando a intolerância e o medo ao erro.

É preciso considerar erros e acertos na mesma medida. Isto nada mais é do que aceitar tanto a potência quanto a impotência do indivíduo, aspectos naturais na aprendizagem e no desenvolvimento.

6. A necessidade do humor

Uma das reclamações mais constantes de estudantes é a monotonia, o tédio das situações pedagógicas (aulas, dever de casa). Os pais e muitos educadores confundem responsabilidade com rigidez, confundem humor com ironia. É necessário que o estudante e o educador tenham compromisso com o conhecimento, mas isto não quer dizer rigidez e seriedade desnecessária. As aulas e deveres, para serem eficientes não precisam ser exaustivas e pedantes, ao contrário, estas características as tornam ineficientes.

O nagual Don Juan cita uma frase muito interessante sobre o humor: "O humor tira a importância das coisas" (Castañeda, 2008c). Podemos considerar esta frase na vida em geral e na educação dos filhos, em particular. Com relação à aprendizagem a necessidade do humor é fundamental. A prática do humor torna uma aula mais leve, motiva o aluno a envolver-se com o conteúdo que está sendo ensinado, facilitando a memorização.

Quando a criança, ao fazer os deveres de casa, erra e o adulto que a está acompanhando, ao perceber, brinca com o erro, isto atenua qualquer possível constrangimento, já que o humor tira a importância das coisas. O humor diminui o senso de importância da criança, impedindo que o mesmo prevaleça, diminuindo assim a possibilidade de que a criança venha a sentir-se culpada, envergonhada ou inferiorizada, mediante seus erros e dificuldades. É preciso, no entanto, atentar para a possibilidade de que alguns estudantes, especialmente os mais dispersos, podem entusiasmar-se excessivamente e desejar a continuidade de momentos de humor, mesmo que leve ao abandono do tema em questão. Nestes casos, o adulto deve colocar limite, determinando o reinício da atividade.

Um cuidado que o adulto deve ter é não confundir humor com ironia. A ironia distingue-se do humor porque tem como intuito realçar o erro, ridicularizando a pessoa que errou. Ela tem um efeito contrário ao do humor, na medida em que envergonha a pessoa, ou a leva a reagir com agressividade. No humor, brinca-se, ri-se do erro, e não de quem errou. O intuito é rirem todos juntos de algo que qualquer um poderia ter feito em determinada circunstância, e não focalizar na pessoa, ridicularizando-a, como acontece na ironia (Comte-Sponville, 2009).

7. Ensinar a pensar sobre um tema

Muitas vezes, os filhos buscam ajuda dos pais em suas dificuldades escolares. Uma observação que pode parecer óbvia, mas de acordo com o que percebemos em consultório faz-se necessária, é que ao orientarem os filhos, os pais o façam de forma a estimulá-los a pensar, não lhes indicando a resposta. É claro que, procedendo desta forma, a execução da tarefa tende a ser mais trabalhosa e demorada. No entanto, esta postura é sempre a melhor, principalmente em se tratando de crianças mais passivas e dependentes. Ao colocar limite em sua forma de orientar, o adulto está ajudando o estudante a combater uma das formas de preguiça, que é dizer que não sabe e não tentar fazer. Neste caso, os pais devem tomar cuidado quando o filho é acompanhado por terceiros, pois não é incomum, adultos tomarem o caminho mais fácil de fazer, sem induzir a criança ou o adolescente a tentar resolver a dificuldade em questão.

8. Balanceamento entre adquirir conhecimento e estimular a criatividade

Duas frases famosas atribuídas a Albert Einsten remete-nos a um questionamento, não para os alunos, mas para muitas escolas da atualidade:

"Os alunos estão estudando tanto, que não têm tempo nem para pensar."

"A imaginação é mais importante do que a inteligência."

Uma queixa constante de pais e alunos é em relação ao excesso de tarefas escolares. Principalmente no caso de crianças, é preciso ter consciência de que a atividade mais importante que elas devem realizar é brincar. Uma adolescente, falando sobre isto disse: "As escolas estão disputando qual é a melhor e quem sofre é a gente."

Mas é claro que, se as escolas estão exigindo muito, é porque a maioria dos pais assim deseja. É preciso considerar também que esta postura das escolas torna os estudantes mais competitivos dentro do contexto de regras e valores da nossa sociedade. Mas há limites que devem ser observados. Os jovens precisam brincar e de lazer. É necessário buscar o conhecimento não apenas como um instrumento para a sobrevivência, mas pela curiosidade, pelo desejo de aprender, pelo gosto de pensar e imaginar. Neste aspecto, muitas transgressões dos jovens são plenamente justificáveis e até bem vindas. Eles reagem a uma postura de vida baseada apenas no medo, que se restringe à busca de segurança, à sobrevivência, e pela qual se paga o preço alto de uma vida entediada e monótona.

9. O exemplo dos pais

Todos os procedimentos acima citados, podem tornar-se mais eficazes, na medida em que forem vivenciados pelos pais em suas próprias atividades. A percepção do filho de que a orientação da autoridade tem uma consistência com sua postura diante do conhecimento, aumenta as chances da autoridade ser respeitada não apenas por sua posição hierárquica. Se os pais desenvolvem em suas atividades de trabalho, sejam elas quais forem, o desejo de aprender, esta mensagem é passada aos filhos.

Pode ser que estes não direcionem sua curiosidade exatamente para o caminho que os pais desejam, mas, se educados em ambiente questionador, argumentativo, onde a curiosidade é valorizada e estimulada, torna-se inevitável que os jovens desenvolvam gosto pelo conhecimento.

CAPÍTULO X

O casal

Os pais são o referencial mais significativo na educação dos filhos. Para que os limites tenham uma melhor qualidade e maior efeito é necessário que haja sintonia entre os pais na colocação dos limites. Esta é uma das realizações mais difíceis na educação dos filhos. Para entendermos as dificuldades que o casal enfrenta, comecemos entendendo como ele, normalmente, se forma. Há uma frase que diz: "Nós nos apaixonamos pelos iguais e amamos os diferentes."Em nossa observação clínica fica evidente que esta frase procede, com bastante frequência, com relação à formação de casais. Na maioria das vezes, as características opostas são motivo de atração entre o casal. Muitas vezes, o que foi atração antes do casamento, vira motivo de reclamação depois deste. É como se houvesse uma busca inconsciente pela diferença e uma posterior tentativa consciente, de ambas as partes, de provar que a maneira de ser do outro é a errada. Este conflito é tanto maior quanto maior o nível de rigidez egoica de cada cônjuge. Na verdade não existe característica errada, o que existe de patológico são as radicalizações, cristalizações de determinadas posturas. Por exemplo: um dos pais é excessivamente passivo (impotente em nível consciente), o outro é excessivamente ativo (potente em nível consciente). Quando um cônjuge está radicalizado em uma postura, a tendência é que o outro esteja radicalizado em postura oposta (rigidez egoica). Se esta rigidez for acompanhada por projeção de culpa, ou seja, um acusando o comportamento do outro, haverá maior tensão entre o casal e os conflitos serão mais intensos e frequentes. Normalmente, estas interpretações sobre a dificuldade do outro são corretas, já que a convivência diária leva ao conhecimento mútuo. No entanto, a projeção de culpa serve apenas para que os cônjuges não se responsabilizem por suas próprias dificuldades, e acaba por provocar maior resistência naquele para o qual as dificuldades que foram interpretadas em forma de acusação.

O primeiro passo para uma melhor sintonia entre o casal com maior dificuldade, consiste em que eles aceitem fazer uma trégua na relação de poder (disputa de quem é a culpa), em prol de um objetivo que, com certeza, lhes é comum: A educação do filho.

Neste caso, cada um assume a responsabilidade pelas próprias dificuldades em relação ao filho. Esta não é uma tarefa fácil para a maioria das pessoas, e principalmente para um casal em conflito. Há o medo de que, ao diminuir as defesas do ego, assumindo suas dificuldades, haja um ataque do outro, ao invés de uma diminuição das defesas. Alguns pesquisadores, ao observarem a comunicação de alguns animais, relatam que, quando estes desejam estabelecer uma convivência pacífica com o outro, mostram-lhe o pescoço. Isto significa um ato de extrema confiança, uma vez que o animal está expondo sua parte mais frágil, correndo o risco de ser atacado e morto (WATZLAWICK, 1967).

A observação leva-nos a considerar que, nas relações de casal em que a disputa pelo poder é mais intensa, o ritual de acusação torna-se quase um vício. Os cônjuges deixam de considerar as pessoas, inclusive o filho, focalizando só no prazer de vencer uma batalha, enfim, o prazer de provar quem possui a razão. A trégua consiste, portanto, em um voto de confiança para que os pais possam realizar algo em comum, por mais ambíguos ou reativos que sejam seus sentimentos um com o outro. Pelo amor que sentem pelo filho, eles se dispõem a abandonar um pouco a relação de poder.

O segundo passo para que o casal estabeleça melhor sintonia é o que denominamos cabeça de ponte. Este é um termo de estratégia de guerra. Quando se vai conquistar uma área, tenta-se estabelecer de forma consistente e segura um pequeno território. Em termos práticos, isto significa estabelecer uma concordância acerca dos limites que os pais consideram básicos. Para a maioria dos pais, os limites básicos mais comuns estão focalizados em três áreas: Escola, higiene e respeito aos pais. Nem sempre a criança apresenta dificuldades nestas três áreas. Os pais, então, escolhem aquela, ou aquelas áreas em que a dificuldade é maior. Após esta decisão, os pais devem aceitar que ambos tem o mesmo grau de poder hierárquico, ou seja, a opinião de ambos sobre determinado assunto, tem igual valor, ainda que um dos cônjuges considere-se em melhores condições de opinar ou deliberar sobre determinada situação. É comum, por exemplo, que o pai sinta-se em melhor condição de opinar sobre o respeito e obediência aos pais, afirmando que o filho o respeita mais que à mãe. Muitas vezes a mãe se opõe a esta afirmação argumentando que o filho não respeita o pai e sim o teme. É frequente também, a mãe sentir-se em melhor condição de opinar sobre questões de higiene, já que na maioria das vezes, ela é quem acompanha o filho desde pequeno nesta área. Quando há oposição paterna a esta afirmação, é alegando que a mãe é patologicamente exagerada na área de limpeza. Mesmo que os pais reconheçam que um tem mais facilidade de atuação do que o outro, em uma determinada área, isto não elimina a necessidade de discutir sobre o assunto, para se chegar a um consenso, levando em conta os valores e posturas de cada um dos pais. Ao buscarem a elaboração do limite, através da discussão e acordo, ambos assumem a responsabilidade por este limite. Além de estar recebendo um limite único e, portanto menos ambíguo, o filho percebe a união dos pais em relação a determinados valores e, consequentemente, na busca de certos objetivos. Isto, com certeza, facilita a aceitação dos limites.

Não podemos subestimar os problemas a serem enfrentados pelos pais: dificuldade de discutir sobre um assunto; de chegar a um consenso; e de cumprir o combinado. Há, em nossa sociedade, um preconceito com a discussão, com o conflito. Não se pode confundir discussão com briga. A briga é pessoal, é um ego querendo impor-se perante o outro, desejando submeter o outro. A discussão é um conflito de ideias, ela focaliza o assunto a ser discutido e nunca a pessoa. Quando os pais iniciam uma discussão sobre um assunto, partindo do princípio de que um está certo e o outro errado, a chance desta discussão tornar-se briga é grande. O ideal, neste caso, é partir do princípio de que o outro tem um ponto de vista diferente, por mais estranho que sua opinião possa parecer. Repetir incessantemente para si mesmos, a fim de convencerem seu emocional de que existem outras formas de perceber a realidade, de pensar e de agir diferentes, e que por serem diferentes, elas não são, necessariamente, erradas. Entender que para se chegar a um acordo ambas as partes tem que aprender a ceder.

O que torna tão difícil aceitar um comportamento diferente? Como já dissemos anteriormente o fator precipitante desta intolerância é a rigidez egoica. Uma postura imatura tende a perceber o meio em termos rígidos de certo ou errado (maniqueísmo infantil). Onde sempre só haverá certezas, não havendo espaço para dúvidas e nem para a diversidade de opiniões. Quanto mais intensa esta rigidez, maior a sensação de impostura, e, consequentemente, maior o medo, consciente ou inconsciente, de ser descoberto, de se quebrar emocionalmente. O medo e a insegurança da rigidez egoica levam a pessoa a estar em constante defesa. Toda situação é encarada como uma disputa de poder, uma disputa de quem está com a razão, como uma ameaça à sua pessoa. Ela tende a ser autoritária, seja de forma direta e aberta, ou de forma encoberta, distanciando-se do outro, ensimesmando-se.

A tolerância dos pais para com o comportamento do outro, a aceitação de um referencial diferente, tem limites que se baseiam em alguns parâmetros de bom senso. Quando o comportamento de um dos pais oferece um risco maior à integridade física e emocional do filho, não há o que discutir, e sim uma tomada de providência para uma proteção imediata do filho. Por exemplo: não há o que discutir quando um dos pais é pedófilo; ou tem uma postura violenta sistemática com o filho; ou oferece drogas ao filho; ou o estimula a cometer atos ilícitos.

Nos casos de filhos que apresentam transgressões sistemáticas, é comum uma dificuldade parcial ou total da figura paterna de ministrar limites. As mães, neste caso, não conseguem colocar os limites de forma adequada, atuando mais na tentativa de controle dos filhos. Esta situação não inclui aqueles filhos cujo pai morreu. Nestes casos o pai é, na maioria das vezes, idealizado, atuando como um modelo à distância (O pai morto é o pai por excelência) (Lacan, 1961-1962). Citaremos alguns exemplos mais comuns de pais não atuantes em ministrar limites. Alguns pais podem apresentar características típicas de alguns dos exemplos, outros podem apresentar características de dois ou mais tipos.

Pai bonzinho

Ele é próximo e afetuoso com o filho, mas quando há necessidade de colocar limites, não consegue. Este pai exerce uma postura que, em outros tempos era exercida pela mãe, quando esta atuava predominantemente na área afetiva. Temendo ser autoritário, o pai bonzinho deixa de ser autoridade. Em casos extremos, acontece até mesmo uma inversão de autoridade, ou seja, o filho começa a ditar as regras. O que percebemos neste tipo de atuação é que o pai não consegue ser agressivo, temendo ser violento. Este temor, na verdade, não é totalmente infundado, pois havendo uma repressão contínua da agressividade, o risco de que, ao ser liberada, ela se apresente de forma violenta, torna-se maior.

Na medida em que este pai aprende a diferenciar agressividade e violência, perceberá que sua agressividade é necessária e construtiva na educação de seu filho. Aprenderá também que o conflito pode ser produtivo. A postura mais agressiva possibilitará que assuma sua posição hierárquica dentro do sistema familiar. À mãe caberá aceitar dividir a autoridade com este pai. Assim, a intervenção paterna não será apenas uma extensão da atuação materna. Muitas vezes, observamos mães que reclamam do fato de exercerem a autoridade sem a ajuda dos pais, mas quando eles começam a exercê-la, elas temem dividir este papel, temem que os pais sejam violentos com o filho, e querem que eles atuem partindo de uma orientação, um comando delas (mães fálicas). Elas vivem um conflito ao desejarem que o pai divida com elas a tarefa de ministrar limites para que gastem menos energia, e ao mesmo tempo não aceitam abandonar a exclusividade na forma de atuação na educação dos filhos. A divisão equitativa do poder é sentida como injusta, já que o pai, até então, não participou desta tarefa (limitar).

Pai violento

Este pai não se recusa abertamente a colocar limites ao filho. Muitas vezes, até afirma que, se a educação do filho for deixada aos seus cuidados, ele o "consertará." Mas, normalmente, a mãe e mesmo as escolas evitam informar a este pai, as transgressões do filho, temendo uma reação violenta. Suas reações são sempre radicais e pouco práticas. Exemplos: tirar o filho da escola, dar uma surra que o filho nunca mais vai esquecer, colocá-lo de castigo durante meses, sem sequer acompanhar se o filho está cumprindo o castigo, mandá-lo embora de casa.

Esses limites ficam, na maioria das vezes, só na ameaça. Inconscientemente ou não, este pai ameaça com estes limites, para que a mãe proteja o filho. Esta proteção impede que os problemas cheguem até o pai, pois a mãe teme que este, ao ser incomodado, reaja com violência.

Ao tomar conhecimento de alguma dificuldade do filho, o pai violento reage como se fosse um desaforo estar sendo incomodado. O filho recebe o castigo (até mesmo físico), muito mais por ter incomodado o pai do que pela própria transgressão cometida. Não é incomum o pai violento apresentar um quadro depressivo. A depressão em homens pode ser mascarada por alta irritabilidade, alcoolismo ou alguma outra drogadição.

O interessante é que estes homens colocam-se, até com um certo orgulho, como pessoas de gênio forte, por reagirem de forma passional quando incomodadas. Neste tipo de atuação paterna dois fatores são desconsiderados: o primeiro é que a questão é resolver a situação do filho e não garantir o sossego do pai. O segundo é que, se o equilíbrio emocional deste pai depende tanto de como o filho se comporta, então suas reações emocionais não revelam força e sim fragilidade.

Na busca de uma maior praticidade em seus limites é necessário que este pai abandone a posição de indulgência. Ele é indulgente ao perceber o comportamento do filho como desaforo, sentindo-se, do alto de seu senso de importância, como vítima, não merecedor da atitude do filho. Ele é indulgente ao ser violento, justificando sua violência através do comportamento do filho, ou como forma de resolver os problemas.

Para assumir a educação do filho de forma mais madura, é necessário que os pais façam uma distinção entre compromisso e obrigação. Normalmente, o pai violento apresenta uma cisão profunda entre o princípio da realidade e o princípio do prazer. Na busca de assumir a responsabilidade de educar o filho, este pai pode fazer uma ligação entre os dois princípios. Assim torna-se mais fácil aceitar o momento do filho, isto é, sua necessidade de um acompanhamento externo. A partir daí o limite restringir-se-á à transgressão, e não ao fato do filho ter tirado o pai de uma situação de conforto.

Quanto a atuação da mãe, é necessário que desista de "salvar" o filho e o marido. Que considere o marido como um homem responsável por suas escolhas. Caso considere estas escolhas difíceis de aceitar (alcoolismo, violência física, por exemplo), cabe, através do diálogo, estabelecer acordos, visando estabelecer limites para a relação do casal e para a educação do filho. Isto não sendo possível, pode ser o caso do casal buscar ajuda externa. Se ainda assim as dificuldades permanecerem, resta aceitar a situação ou a separação do casal. Escolher salvar o marido de suas dificuldades, ou fazer pactos com o filho, excluindo o pai dos acontecimentos é reforçar a sua imaturidade e também a do filho que, desta forma, pode acabar por se espelhar no comportamento do pai, adquirindo as mesmas dificuldades para assumir responsabilidade.

É também importante que a mãe desista de proteger o filho, seja da violência do pai ou de impedir que haja uma identificação com a imaturidade paterna. Uma pergunta que a maioria das mães fazem neste caso é: como posso deixar que o meu filho sofra uma violência física, ou até mesmo um castigo exagerado e, portanto, injusto? A melhor opção nestes casos é uma conversa da mãe com o pai antes de dar um limite para o filho, buscando chegar a um acordo que seja um meio termo entre as duas posturas. O pai violento, normalmente reclama que a mãe protege demais. A mãe, por sua vez, justifica sua proteção pela violência do pai. Limitar os excessos do pai não o excluindo dos problemas do filho, mas buscando resoluções em comum. Quanto à questão do filho identificar-se com as imaturidades paternas, quanto mais a mãe o proteger após suas transgressões, maior a chance deste tornar-se imaturo. Também não resolve a mãe tentar transformar um marido para si, ou tentar moldar um pai que ela idealiza para o filho. É importante lidar com o pai real e para isto os pais tem que aceitar compartilhar a autoridade, estabelecendo limites. É preciso ressaltar que o papel de salvadora exercido pela mãe, nestes casos, é tão difícil de abandonar, quanto o papel de vítima violenta exercido pelo pai. Como na maioria dos casos de pai ausente, a mãe quer que ele participe, mas teleguiado por ela, ou seja, ela não abandona o comando da situação. Apesar de toda energia desprendida na postura de salvadora, a mãe tem dificuldades de desistir da ilusão de transformar os membros familiares, de acordo com suas expectativas, o que traria reconhecimento dos seus esforços.

Pai provedor

Há determinados pais que afirmam não ter tempo para participar na educação dos filhos, por estarem empenhados no trabalho, proporcionando não só a sobrevivência da família, mas uma melhor qualidade de vida. Na maioria das vezes, são homens bem sucedidos profissionalmente, que tem uma carga horária pesada e irregular, e uma extrema focalização no reconhecimento social e pessoal que o trabalho e a realização financeira lhes proporcionam.

No discurso do pai provedor há uma contradição: colocam o aspecto financeiro e material como fator de maior importância na qualidade de vida de seus filhos, desconsiderando as consequências de sua distância afetiva. No entanto, colocam-se como sacrificados, tendo que trabalhar tanto para o conforto familiar, privando-se de maior convivência afetiva. A verdade é que estes pais utilizam o trabalho como escudo para que não ocorra maior intimidade afetiva, e, muitas vezes, para se isentarem da responsabilidade de ministrar os limites aos filhos. Estes homens são admirados no meio social e esta admiração funciona como reforço ao seu comportamento. Os filhos, apesar da distância afetiva, admiram os pais. É comum, nestas famílias, os filhos seguirem a mesma profissão do pai. A ligação afetiva maior é com a mãe, mas em muitos casos, essa proximidade vem acompanhada de uma desqualificação com o feminino, um desrespeito à mãe e não aceitação de seus limites. No exemplo seguinte a postura de um pai provedor demonstra sua dificuldade em relação à proximidade afetiva: durante a entrevista do casal, a mãe queixa ser vítima de agressões verbais e físicas por parte do seu filho. Revela também que no, relacionamento com o pai, o filho representa, de forma deliberada o papel de menino bonzinho.

O pai verbaliza que o filho bater na mãe era um problema a ser resolvido por ela, e que não vê nenhuma dificuldade em seu relacionamento com o filho, pois este nunca desafiou sua autoridade. A fala deste pai revela vários aspectos de sua postura:

- Demonstra desconsideração e falta de cumplicidade com sua esposa.
- Que ele não se importa com os problemas que o filho tenha, desde que ele não seja incomodado.
- E, principalmente, demonstra não se importar que o filho, ao se relacionar com ele, represente um papel, não seja íntimo, pois esta é, também, sua forma de relacionar.

O pai provedor faz a seguinte divisão das tarefas relacionadas à educação do filho: ele se encarrega do sustento material e do status social, e a mãe provêm o relacionamento afetivo e a administração dos limites. O que este pai alega como falta de tempo, é, na verdade, uma indisponibilidade para manifestar afeto com o outro. Esta indisponibilidade estende-se à tarefa de colocar limites.

Na busca de uma postura mais madura, e de uma maior praticidade familiar ao ministrar limites, cabe ao pai provedor aceitar o risco de uma aproximação afetiva, abandonando sua principal defesa que é a posição de poder mitificada por ele e pelo meio social. Humanizar-se perante o filho. Aceitar uma aliança com a esposa, muitas vezes desconsiderada, comprometendo-se numa tarefa sem garantias de sucesso e reconhecimento social. Esta tarefa é a educação de seu filho. A esposa de um pai provedor caracteriza-se por assumir o filho como um modelo, e a realização pessoal deste é sentida como se fosse dela própria. Sua busca de mudança de postura passa por uma maior valorização pessoal, desapegando-se do financeiro, focalizando mais o presente, sem ênfase de garantias no futuro.

Pai filho

Outro exemplo comum de pai passivo é aquele pai que apresenta uma postura de competição com o próprio filho no que diz respeito à atenção e afeto da mãe. Este homem não elaborou sua própria relação edipiana e mantêm uma dependência muito forte da figura feminina. Este apego, uma vez focalizado na esposa, leva o marido a ter ciúmes dos filhos. Além de não compartilhar a responsabilidade pela educação do filho, ele se ressente e reclama que a energia da esposa está sendo toda consumida com o filho, não havendo espaço para o casal. Estabelece-se então, um ciclo vicioso, na medida em que a mãe, sobrecarregada com as obrigações e, ressentida com a falta de cumplicidade e apoio do marido, torna-se cada vez mais distante e indisponível para a relação do casal.

Os papéis que cada um deveria desempenhar lutam entre si: o marido comporta-se mais como filho do que como companheiro, tendo dificuldades de atuar como pai. A esposa, por sua vez, não consegue conjugar o papel de mãe e companheira, afastando-se emocionalmente e até sexualmente do esposo. Quando este conflito de papéis torna-se extremado, o filho também transita entre os papéis de filho e cúmplice da mãe, apresentando dificuldade de perceber o pai como autoridade.

Uma pergunta a se fazer é: mas não é normal que o casal perca as suas atividades em comum com a vinda dos filhos. A resposta é que isto acontece com frequência, mas não é necessário que aconteça. O casal pode unir forças para cuidar do filho e manter algumas das atividades que fazia antes da vinda da criança. Na verdade, para o filho também, isto é importante, já que fica mais fácil para ele reconhecer os pais como casal.

O problema é que é difícil para o pai desapegar-se, mesmo que parcialmente de suas atividades, normalmente ligadas ao prazer.

A mãe, por sua vez, não se dá o direito a participar de nenhuma destas atividades, assumindo assim o papel de vítima ao estabelecer cuidados extremados com o filho.

Os pais podem aprender a conjugar os papéis, podem buscar harmonizar o princípio do prazer e princípio da realidade. Ao pai cabe aceitar que é necessário ceder energia ao filho, e reconhecer que a sua realidade, ao tornar-se pai, mudou. Por sua vez, é necessário que a mãe aceite a maternidade como compromisso, não se ressentindo da energia cedida, e nem tentando compensar este ressentimento através do excesso de cuidados. Apesar de ter que cuidar do filho, é necessário reservar uma energia para si e para o cônjuge.

Consequências da relação de poder do casal

Um fato muito comum entre casais que estão em alta disputa de poder é buscar os filhos como aliados. Estes pais estão em guerra, e numa guerra busca-se aliados. A aliança que deveria existir entre o casal, é deslocada por um ou por ambos os cônjuges, para uma aliança com os filhos. Estes pais atuam com os filhos numa constante tentativa de convencê-los de que o outro (marido ou esposa) é o errado. Isto pode acontecer através de verbalizações diretas, ou através de olhares de cumplicidade, ironias e desconsideração. Esta prática, em casos extremos, leva o filho a ter que escolher um dos pais como sendo o "certo", culpando o outro pelas dificuldades familiares. Pode acontecer também dos filhos apoiarem alternadamente um ou outro, tentando resolver o conflito dos pais. Algumas vezes também, acontece dos filhos perceberem a inadequação deste jogo dos pais e terem o bom senso de não tomarem partido.

Atualmente, não é tão incomum o deslocamento da energia que deveria ser direcionada ao relacionamento do casal para os filhos. Este deslocamento não favorece aos filhos. O excesso de atenção, a focalização apenas na paternidade ou maternidade, ou pior, a busca de aliança, de cumplicidade com o filho em detrimento do cônjuge, quando realizada de forma constante dentro do sistema familiar, traz algumas consequências para o filho:

Rigidez egoica

Uma relação de casal em que os cônjuges estão sempre empenhados em provar que o outro é o errado, demonstra imaturidade emocional, já que esta postura maniqueísta é típica do comportamento infantil. O filho que deveria ter nos pais um exemplo de maior flexibilidade egoica, não o tem, e isto reforça sua própria rigidez egoica. Não tendo uma flexibilidade, o filho tende a ser autoritário em suas opiniões, reagindo com raiva a possíveis divergências. Pode também assumir a postura oposta, ou seja, de submissão às opiniões alheias, evitando a divergência, reagindo com medo à possibilidade de discussão. Esta é confundida com briga, pois é isto que vivenciou nas relações familiares. Tudo isto pode trazer dificuldades na aprendizagem, pois o medo de errar, nas situações em que necessita expor sua capacidade, acaba por provocar um nível de ansiedade maior do que o normal. Outra característica constante em famílias maniqueístas é a escolha do Paciente Identificado (MINUCHIN *et al.*, 2009), ou em linguagem popular, o bode expiatório. Este é o membro da família sobre o qual recaem, com maior intensidade, as projeções de culpa. Com o passar do tempo este membro acaba assumindo o papel que lhe é projetado.

Distanciamento afetivo de um dos pais.

Como dissemos acima, em casos extremos, o filho tem que escolher um dos cônjuges como aliado. Quando esta aliança acontece muito cedo entre um filho e um dos pais, pode haver um distanciamento afetivo do outro genitor. Em casos em que a cumplicidade dá-se entre pais e filhos de sexos diferentes, pode acontecer até uma inversão de identificação sexual.

Confusão hierárquica

Quando o filho vê-se como aliado de um dos cônjuges, acaba por se considerar na mesma posição hierárquica ocupada por este. A consequência disso é uma dificuldade em aceitar os limites, pois isto pressupõe considerar o pai e a mãe como autoridade e não como aliado ou inimigo.

Projeção de culpa

Ao utilizarem a projeção de culpa de forma sistemática, os pais ensinam ao filho uma forma de não se responsabilizar por suas dificuldades. Esta é uma forma muito comum de defesa dos adolescentes, mas pode intensificar-se quando o ambiente familiar tem como prática habitual a acusação dos erros alheios.

Dificuldade de relacionamento entre irmãos

A batalha dos pais pode refletir também no relacionamento entre irmãos, aumentando as situações de disputa de poder. Pode haver muito ciúme, provocações para abalar o outro, e até mesmo uma falta de cumplicidade entre irmãos perante o meio social. Esta dificuldade de relacionamento mostra-se tanto mais patológica, quanto mais velhos forem estes irmãos. Primeiro porque indica imaturidade do comportamento. Segundo porque quando há brigas entre crianças mais novas, mais cedo elas voltam a conversar. Uma das características da criança é conseguir desapegar-se rapidamente da raiva. Mas, ao entrar na adolescência, e principalmente na idade adulta, a tendência é as pessoas manterem o ressentimento após as brigas. Em casos extremos pode haver um distanciamento afetivo permanente entre irmãos.

Aumento dos níveis de ansiedade

Nas famílias em que existem constantes atritos entre o casal, há sempre a ansiedade decorrente da expectativa de novos conflitos, ou mesmo de uma possível separação dos pais. Mas há casos em que o nível de violência verbal e até mesmo física é tão alto, que os filhos temem pela integridade dos pais. Nestes casos, os filhos até expressam um desejo de que os pais se separem, para se livrarem da ansiedade e do temor de violência extrema.

Para que os pais saiam do ciclo vicioso estabelecido pelo relacionamento onde predomina a disputa de poder, redirecionando a energia desperdiçada neste processo para a educação do filho, duas atitudes se fazem necessárias:

Assumir responsabilidade no processo de desenvolvimento do filho.

– Desistir de projetar no cônjuge a culpa das dificuldades do filho.

Para uma melhor sintonia na aplicação dos limites, é necessário que os pais busquem a maior realização que um casal pode desejar em seu relacionamento: um contínuo fortalecimento de sua cumplicidade, aumentando, a cada dia, o seu companheirismo. Ser cúmplice é perceber as dificuldades do outro sem condená-lo. Isto não implica em uma passividade quanto às dificuldades apresentadas pelo outro na educação do filho. Como companheiros podem discutir constantemente, sem acusações. Os problemas podem ser enfocados sem disputa pessoal, as percepções e valores de cada um são ouvidos e considerados, objetivando um bom senso na atuação do casal. Se os pais conseguem, através do esforço pessoal, baixar seus níveis de defesa egoica, podem até mesmo mudar a forma de discussão, passando a expor para o companheiro suas dificuldades no relacionamento com o filho. Cada parceiro, na medida em que compreende suas próprias dificuldades e assume sua responsabilidade, acaba por compreender e respeitar as dificuldades do outro, sem a necessidade de usá-las em futuras discussões entre o casal.

Relações de poder entre pais separados

Assim como há vários formas de convivência entre casais, há também diferentes formas de vivenciar a separação e a relação entre pais após a separação. Podemos encontrar aspectos semelhantes entre a dinâmica de casais em dificuldade e na dinâmica de separações turbulentas. O casal em dificuldade, normalmente, não assume sua união, vive uma constante ambiguidade entre o desejo de separar-se e o de continuar a relação. O ex-casal em conflito, assemelha-se ao casal em conflito porque também é carregado de ambiguidade, ainda não houve uma separação emocional. O envolvimento emocional mantém-se principalmente na relação de poder, nos sentimentos de raiva, mágoas, medos, e no uso de atitudes violentas. Os casos mais violentos costumam ser, paradoxalmente, aqueles em que, de forma inconsciente ou até mesmo consciente, há o desejo de uma continuidade da relação do casal. Na impossibilidade de se manterem como casal, os ex-cônjuges fazem-no através de disputas, muitas vezes até judiciais.

Quando os pais estão em disputa de poder não é incomum os filhos apresentarem vários tipos de dificuldades, inclusive com relação a limites, que é um reflexo da dificuldade dos pais com relação aos seus próprios limites.

Alguns cuidados com os filhos devem ser considerados nesta situação:

- Os pais separados devem cuidar para não tornarem o filho confidente das dificuldades que enfrentam com o ex-cônjuge, para que o filho não seja forçado a tomar partido. Alguns pais, até mesmo, chegam a pedir conselhos ao filho de como agir com o ex-cônjuge, impondo a este filho uma função que não condiz com sua posição familiar e nem mesmo com sua maturidade afetiva.

- Evitar a comunicação usando o filho como reflexo, isto é, falar ao filho coisas que deseja falar ao ex-cônjuge, na expectativa de que o filho relate para o outro a comunicação. Ao perceber que está sendo usado para realizar os desejos de seu genitor, desejos estes normalmente agressivos, o filho acaba por perder o respeito por aquele que não o respeita. Isto pode levar o filho a cometer transgressões e a não aceitar os pais como autoridade.
- Evitar buscar informações do ex-cônjuge através do filho. Pelas mesmas razões citadas acima, o filho não merece cumprir este papel.
- Algumas mães, diante da solidão ocasionada pela separação, chegam a levar o filho para dormir junto com elas. Isto é realmente simbólico no que diz respeito a uma dificuldade em manter uma separação de papéis e, em casos mais extremos, até de individualidades. Invariavelmente, estes filhos terão dificuldades em aceitar os limites colocados por estas mães por se considerarem na mesma posição hierárquica.
- Há pais que, ao se separarem, restringem seu relacionamento com o filho a passeios e atividades lúdicas. Não aceitam colocar limites e, em alguns casos, chegam a criticar a mãe pela forma como os administra, assumindo uma posição cômoda daquele que não faz, mas aponta as imperfeições. Alguns chegam a aliar-se ao filho em suas dificuldades com os limites. Estas posições variam de acordo com a imaturidade do pai e com o seu ressentimento em relação ex-esposa.
- Há casos em que alguns pais confundem os papéis, deixando de ser marido, abandonam também o papel de pai. Este tipo de comportamento pode também acontecer com a mãe, mas é bem mais raro.
- Os pais devem considerar a importância de não impedir o relacionamento do filho com o outro progenitor, inventando desculpas e mentiras. Dificultar o contato com o outro genitor, é desconsiderar a individualidade do filho. É também um exemplo,

dado ao filho, de desrespeito às regras, pois, pela lei, ambos os pais tem direito de conviver com o filho.

- Quando os pais buscam um novo relacionamento, o novo cônjuge não deve ser nomeado como pai ou mãe. Se o filho buscar este tipo de nomeação, pode-se até aceitá-la. Mas deve partir dele e ficar bem claro que se trata apenas de uma nomeação baseada no afeto.
- Não maximizar as consequências emocionais negativas, que a separação possa ter causado nos filhos, com o intuito, consciente ou inconsciente, de restabelecer o relacionamento.

Estes cuidados acima citados buscam evitar que o filho se envolva nos conflitos que, por ventura, os pais ainda vivenciam. Preservar a individualidade do filho, assegurar-lhe o papel de filho e preservar-lhe o direito ao relacionamento afetivo, tanto com a mãe, quanto com o pai. Apesar do sofrimento ocasionado pela separação, assumindo estas posturas, os pais, além de propiciar um melhor suporte emocional ao filho, terão mais facilidade de ministrar os limites. Primeiro porque, quanto mais respeitarem o filho no decorrer do processo de separação, os pais diminuem o sentimento de culpa, tornando-se menos manipuláveis pelos filhos. Sentindo-se respeitados, os filhos tornam-se menos agressivos com os pais, diminuindo a reatividade aos limites. Segundo porque, sendo assegurado o papel familiar do filho, não há confusão de hierarquia, possibilitando maior aceitação da autoridade dos pais.

No caso de pais separados, as duas premissas básicas de posturas paternas para buscar uma maior praticidade nos limites, continuam a prevalecer:

- Assumir a responsabilidade na educação do filho.
- Desistir de projetar a culpa no outro progenitor, ou terceiros.

Quando os pais são casados, desistir de projetar culpa ajuda o casal a ter maior cumplicidade. Quando os pais são separados, esta postura ajuda a desapegar-se de possíveis ressentimentos, possibilitando uma separação mais efetiva. Ao atenuarem a relação de poder, os pais podem focalizar mais energia no relacionamento afetivo com o filho, e adquirir maior objetividade e coesão nas atitudes a serem tomadas na área dos limites.

CAPÍTULO XI

Limites aplicados por terceiros

Consideremos, no ambiente da criança, os principais vetores que colocam limites ao seu comportamento: pai, mãe, professores, orientadores escolares e o ambiente social da criança (outras crianças). A estes vetores podem ser acrescentados tios, avós, irmãos, empregadas, psicólogos, professores particulares etc. Apesar de existir, até certo ponto, uma uniformidade ditada pelos valores sociais de cada cultura, o grande desafio consiste em manter uma maior coesão dos limites, sintonizada aos referenciais específicos de cada sistema familiar, dentro da variada carga de referências de limites que a criança recebe.

Na época atual, com frequência, os pais têm que deixar seus filhos com empregadas, babás ou maternais por um longo período do dia. Estas pessoas tem uma atuação significativa na educação da criança, e por isso é importante que os pais estejam atentos a determinados requisitos a serem considerados nestes profissionais.

É necessário que os pais tenham uma entrevista com o profissional, buscando perceber se esta pessoa apresenta um mínimo de afetividade que lhe permita estabelecer empatia com a criança e também que tenha maturidade para atuar como autoridade.

Como se pode notar é uma escolha difícil, mas com o tempo, alguns detalhes indicarão se a escolha foi correta. Após alguns dias de contato, a maneira como a criança se manifesta com relação à pessoa que cuida dela em sua presença e, principalmente, em sua ausência indica o tipo de relacionamento que elas mantêm.

Quando o profissional expressa, nos afazeres cotidianos, alguma dificuldade ou até mesmo algum erro cometido, está revelando um indicador de sua integridade pessoal e de seu desejo de aprender. Um exemplo interessante é retratado por um pai: uma babá, no seu primeiro dia de trabalho, estava com a criança de três anos em um quarto e os pais estavam na sala de visitas. De repente, o pai ouviu um barulho e foi verificar o que aconteceu. Deparou-se com a criança em pé, olhando para um vaso quebrado. Ele ralhou com o filho por ter quebrado o vaso. A babá o interrompeu alegando ter sido ela quem quebrou o vaso. O pai percebeu ser verdade, não disse mais nada e retirou-se da sala. No final do dia, a babá procurou o pai e perguntou se ele iria demiti-la. Este respondeu que, ao contrário, desejava que ela continuasse cuidando de seu filho, tendo em vista a integridade por ela demonstrada. Decisão que, segundo o pai, mostrou-se, com o tempo, acertada.

Alguns pais rejeitam outorgar autoridade aos funcionários que cuidam de seus filhos. Fazem isto por medo, por senso de importância ou por uma mistura de ambos.

No primeiro caso temem a imaturidade da funcionária que pode levar ao abuso de poder, ao autoritarismo ou até mesmo à aplicação de limites violentos à criança.

No segundo caso, os pais acreditam, de forma consciente ou inconsciente, que uma pessoa de classe economicamente inferior, (o que para muitos equivale a uma pessoa inferior), não está apta, ou não tem o direito de dar ordens para o seu filho.

É importante ressaltar para os pais a necessidade de fazer esta transferência de autoridade. Citemos alguns pontos a serem considerados:

1. Uma criança mais nova deve ser controlada constantemente para que sua integridade física não corra grandes riscos. Nestes casos, o limite deve ser verbal. O adulto deve observar a criança, a fim de conferir se o limite será respeitado. Na persistência da transgressão, a criança deverá ser retirada do local, independente de sua reação.
2. Quanto mais nova a criança, maior a necessidade de que o limite seja colocado de forma imediata, para que ela possa associar a transgressão ao limite.
3. Uma babá ou uma empregada a quem não é dado poder sobre a criança está colocada no mesmo nível hierárquico que essa. Neste caso, o filho, ainda imaturo, poderá agir de forma

autoritária e agressiva, ocasionando mágoas e animosidade nas pessoas que cuidam dele. Poderá acontecer até mesmo a retirada de pessoas que, em situações mais propícias, desenvolveriam um bom contato com a criança. Se a funcionária permanecer, e não conseguir elaborar seus sentimentos, poderá até mesmo ser violenta com a criança.

4. Se uma criança aprender que só os pais têm autoridade, será difícil aceitar a transferência de autoridade para os professores quando ela chegar à idade escolar.
5. Para que o limite seja internalizado é necessário que seja coerente, uniforme e constante. Se, em determinadas situações, um comportamento é permitido e em outras não, a internalização da regra poderá ocorrer com maior dificuldade.

Às vezes, são as empregadas que resistem em colocar limites. Isto pode acontecer por dois motivos: O primeiro é por ser mais fácil deixar a criança fazer o que quiser. Colocar limites exige um gasto de energia. O segundo motivo é o medo. O temor de, ao colocar limites na criança, ter que entrar em atrito com ela. O medo de uma possível reação negativa ou até mesmo da rejeição da criança, e a consequente perda do emprego. Em alguns casos, acontece até mesmo uma inversão, a empregada espera receber as ordens da criança. Esta atitude intensifica o despotismo da criança.

É preciso conscientizar a pessoa que trabalha com a criança da necessidade de colocar limites. E que, mesmo que isto ocasione na criança reações emocionais à frustração, a longo prazo propicia uma melhor relação entre ambos. Deixar claro para a funcionária que é ela quem exerce a autoridade na ausência dos pais. Para isto, é necessário colocá-la a par dos limites fundamentais que os pais adotam para o filho.

Se apesar da proibição verbal da empregada, a criança insistir em transgredir, a funcionária tem a obrigação de informar aos pais, e não fazer pactos de segredo com a criança. Sua aliança deve ser com os pais e não com o filho. Resumindo, cabe à empregada manter os limites de forma verbal. Se, mesmo assim a criança ou o adolescente insiste na transgressão, ela deve informar aos pais, e cabe a estes ministrar o limite de ação.

É necessário também que o filho receba a comunicação da transferência de autoridade. Esta comunicação deve ser realizada tanto de forma verbal, quanto através da atitude dos pais (limite de ação), a partir do desrespeito do filho para com a funcionária.

Um cuidado que os pais devem tomar é quando os relatos do funcionário e do filho sobre os acontecimentos estão em constante desacordo. Neste caso, não é uma discordância sobre as razões de um acontecimento, mas formas diversas de relatar um acontecimento. É necessário que os pais conversem com o filho sobre a importância da verdade, para manter a confiança em um relacionamento. E que também conversem com o funcionário da importância de um relato exato dos acontecimentos. Se mesmo assim continuar o desacordo acentuado dos relatos, os pais terão que ficar mais atentos para descobrir de quem é a imaturidade e tomar as devidas providências.

Outro cuidado que os pais devem tomar é em relação a postura de algumas funcionárias que, ao lidarem principalmente com crianças menores, tendem a superprotegê-las (controle excessivo). O excesso de cuidado impede que as crianças tenham liberdade para executar atividades motoras, dificultando seu desenvolvimento. Assim, muitas babás impedem que a criança corra, receosas de que se machuque e de que elas, babás, venham a ser culpabilizadas pelos pais. Existem até mesmo algumas escolas que proíbem seus alunos de correrem no recreio, temendo acidentes e a consequente reação dos pais.

Os pais, as escolas e todos que lidam com as crianças devem se conscientizar de que as atividades motoras são necessárias, e de que é normal que, ao praticá-las, eventualmente as crianças se machuquem. Não estamos falando de negligência, estamos falando de evitar excessivo controle. Os adultos devem cuidar para que o ambiente ofereça segurança, de forma que as crianças não corram risco maior à sua integridade física. Se uma criança frequentemente aparece com contusões, é necessário verificar se apresenta algum problema motor, se o ambiente físico é apropriado em termos de segurança, se está havendo negligência ou até mesmo alguma violência por parte das pessoas que a acompanham nestas situações.

Fora estes casos, é necessário aceitar o risco de que a criança se machuque. Isto propicia a ela condições de conviver com a dor, e com as consequências de seus atos. Entender que a dor faz parte da vida e que, com o tempo, passa. Pior do que um eventual ferimento é o receio constante da dor e a falta de liberdade.

Crianças criadas por avós

Crianças que, longe da presença dos pais, tem contato constante com avós, ou aquelas crianças que são educadas por estes, geralmente experimentam maior permissividade em relação aos limites. Podemos enumerar várias hipóteses acerca dos motivos, (conscientes ou inconscientes) que podem levar a tal situação. Estas hipóteses não são necessariamente excludentes.

Colocar limites é uma das funções mais difíceis da educação e por isto mesmo requer muita energia. Os avós, por estarem idosos, não possuem esta disponibilidade energética.

Um segundo motivo é que, especialmente as avós, movidas por um sentimento exacerbado de dó, tendem a proteger os netos de frustrações. Talvez por se sentirem numa situação corporal e emocional fragilizada, projetam sua própria impotência na criança, o que dificulta que assumam uma postura mais incisiva quando necessário.

Os avós sentem que já fizeram a parte deles na educação dos próprios filhos (o que é verdade). Na relação com os netos, focalizam-se no prazer, deixando a cargo dos pais ministrar os limites. Eles cuidam dos netos e vivem o momento, mas não se sentem na obrigação de educá-los por completo.

Um outro motivo é que os avós, por terem vivido numa época menos competitiva e, sobre certos aspectos, menos exigente em relação à educação dos filhos, acreditam, muitas vezes com razão, que é exigido demais das crianças e tentam compensar isto, exigindo menos. Uma pessoa idosa talvez tenha condição de sentir melhor, diante da perspectiva mais evidente da morte, as futilidades e excessos de muitas preocupações cotidianas. Tomando o cuidado de não cair num extremo, devemos sempre levar isto em consideração. O excesso de exigências e a expectativa alta com relação ao comportamento e principalmente ao desempenho dos filhos os tem sobrecarregado, impedindo-lhes momentos de lazer necessários e maior espontaneidade.

O fato é que, a não ser em situações excepcionais, os avós não devem ser responsabilizados pela educação dos netos. Alguns pais, sentindo-se insatisfeitos e carentes em relação aos seus próprios pais e sua própria educação, (como se os pais lhes devessem algo), e a partir de sua dificuldade em assumir a função de educar, deixam seus filhos a cargo dos avós. A responsabilidade de criar os filhos é dos pais. Se estes, movidos pelas carências pessoais, transferem esta responsabilidade, estão apenas repetindo com seus filhos aquilo que reclamam de sua própria história pessoal.

CAPÍTULO XII

O brincar e os limites

A única atividade que uma criança não pode deixar de praticar diariamente é brincar. Brincar desenvolve a imaginação, criatividade, motricidade, cognição, elaboração de emoções, concentração, regras, sociabilidade, enfim, é a atividade mais importante da infância. Através da observação da forma de brincar de crianças em diferentes idades e situações, pode-se perceber características específicas em suas atividades. Quando relacionadas aos limites podemos classificar as brincadeiras em dois tipos básicos:

1. Brincadeiras não estruturadas

São aquelas brincadeiras que se caracterizam por proporcionar prazer aos sentidos, ao corpo ou pelo uso da fantasia. Normalmente estas brincadeiras são realizadas individualmente, caracterizando-se pela ausência ou inconstância de regras.

a) Brincadeiras de contemplação e observação

Até um ano de idade predominam as brincadeiras de natureza exploratória. Nos primeiros meses é como se a criança ficasse encantada com o meio, dando a impressão de estar contemplando os objetos ou o próprio corpo.

Mais tarde, a criança envolve-se em procurar objetos que desaparecem temporariamente de seu alcance visual, demonstrando grande prazer em encontrá-los. Através destas brincadeiras ela vai entrando em contato com o meio, aprendendo a reconhecer o ambiente que a cerca.

São brincadeiras que possibilitam estabelecer seus limites corporais, propiciando uma diferenciação de seu corpo, dos objetos e pessoas que a cercam.

b) Brincadeiras estritamente motoras

A criança sente prazer ao realizar movimentos corporais. Seja observando o movimento do próprio corpo (mãos, pés), engatinhando, andando, correndo, balançando, girando. Estas brincadeiras permitem, além do reconhecimento e do prazer corporal, uma passagem da posição passiva (ficar deitada) para a condição de se locomover, explorando seu ambiente de forma mais ampla. No início desta fase, a criança ainda não adquiriu a noção do perigo. Por isto necessita de supervisão constante em sua atividade exploratória, ou seja, de um maior controle por parte dos adultos que a acompanham, para não colocar em risco sua integridade física. Mas o controle excessivo pode prejudicar o desenvolvimento psicomotor e emocional da criança. Há pais que não permitem que a criança arraste ou engatinhe, temerosos de que esta se machuque ou se suje (medo de doenças). Esta postura dos pais dificulta a oportunidade da criança explorar o seu meio, romper seus limites, desenvolvendo sua maturação corporal. Elas permanecem crianças de colo, no sentido literal e metafórico.

c) Brincadeiras de fantasia

A partir do momento em que a criança adquire maior domínio sobre a linguagem, pode construir um mundo simbólico, a partir do qual suas fantasias adquirem mais complexidade. As brincadeiras de fantasia, onde a criança inventa e organiza as suas histórias, predominam até a idade de quatro, cinco anos, e permanecem, com menor frequência, durante toda infância. Este tipo de brincadeira é de grande importância para que a criança harmonize seu mundo emotivo e para sua criatividade. As fantasias tem um caráter pessoal, pouco focado nas exigências do meio e, portanto, sem o domínio das regras. Permitem que a criança tenha seus momentos de solidão sem ansiedade e com prazer. Muitos pais, indevidamente orientados, motivados por sentimento de culpa ou devido à própria dificuldade de vivenciar a solidão, acreditam que o filho deva ser acompanhado em tempo integral em suas brincadeiras.

Este exagero impede a criança de lidar com a solidão; faz com que ela acredite que as pessoas devam estar disponíveis, a todo momento, para atendê-la; dificulta que a criança elabore suas emoções; prejudica o desenvolvimento da criatividade.

2. Brincadeiras estruturadas (jogos)

Por volta dos 5-6 anos a criança passa a se interessar por brincadeiras de disputa com o outro. Estas disputas podem realizar-se no âmbito motor e intelectual. Estas brincadeiras só se tornam possíveis porque a criança está saindo do egocentrismo. Elas possibilitam uma melhor condição de se relacionar com o outro. Quando a criança respeita as regras do jogo, coloca-se, em relação ao outro, em igual condição de direitos. Aceitar que o outro vença, significa aceitá-lo como ser desejante, como um indivíduo independente, e não um mero executor de seus desejos.

Nas brincadeiras de fantasia as regras são criadas pelo indivíduo. Mas nos jogos as regras são pré-estabelecidas, isto é, veem prontas do meio, e devem ser aceitas. Quando as crianças, adolescentes e mesmo os adultos são imaturos, eventualmente chegam a compreender as regras, exigem que elas sejam aplicadas de forma contundente quando o outro as transgride, mas não as aceitam quando são eles que estão sob o foco destas limitações.

Aceitar que o outro tem os mesmos direitos, aceitar cumprir as mesmas regras que o outro, aceitar as condições da realidade (limites), é desapegar-se da fantasia de onipotência e aceitar perder(impotência).

Nos jogos, as atividades são estruturadas através de regras. Para participar de um jogo, é necessário que a pessoa consiga aceitar limites. Os jogos promovem a internalização das regras. Propiciam ao indivíduo aceitar as frustrações, e entender que nem todos os seus desejos podem ser realizados imediatamente.

Através dos jogos os jovens podem aprender que, vencer, assim como perder uma competição, é circunstancial. Ao vencer, o competidor mostra-se, naquele momento, mais competente, o que não significa que seja melhor competidor ou melhor pessoa que seu adversário. A competitividade, quando se respeita as regras, é exemplo de agressividade elaborada e sua prática contribui para que o indivíduo transite entre sua potência e sua impotência, permitindo ao ego uma maior flexibilidade, possibilitando à pessoa a busca da excelência, mas aceitando ter sempre o que aprender.

Jogar dando vantagem

Uma atitude muito comum de alguns pais, quando jogam com seus filhos, é deixá-los ganhar, ou pior, deixar que eles modifiquem as regras durante o jogo, para que possam ganhar. Quando um adulto joga com uma criança, quanto mais nova é esta criança, e quanto mais complexo é o jogo, maior a vantagem do adulto. Alguns pais alegam isto para justificar o relaxamento das regras durante o jogo. Uma maneira mais prática de equilibrar a competição é dar vantagem. A forma de fazer isto é discutir com a criança, antes de começar o jogo, qual será a vantagem que ela terá. Após acordado a vantagem, o adulto joga para ganhar, e não será permitido mudar as regras durante o jogo.

Este procedimento permite ao adulto de fato jogar, e não apenas cumprir uma obrigação para com a criança. Participar da atividade, lidar com as próprias frustrações e respeitar o momento de desenvolvimento da criança. Integrado à atividade o adulto pode realmente divertir-se, tornando a situação lúdica para todos, melhorando a integração adulto criança. Com sua participação ativa, o adulto valoriza a vitória da criança, quando esta ocorrer. Ela saberá que realmente venceu.

Ao ser proposta uma vantagem, é retirado o suposto direito do jovem de burlar as regras (baseado em sua condição de inferioridade como jogador).

A discussão prévia permite que a criança aprenda a argumentar, buscando uma equidade de potência antes de iniciar a disputa.

Possibilita aos participantes, condições para reconhecer e aceitar melhor suas potências e impotências.

A postura nas atividades lúdicas

A maneira como os indivíduos respondem às regras e vivenciam as diversas situações dos jogos, corresponde à maneira como vivenciam diversas situações cotidianas. Seguem algumas interpretações de comportamentos da criança e do adolescente, com relação aos limites, na atividade lúdica.

1. Como eles recebem a proposta de vantagem.

Quando oferecemos vantagem a uma criança ou a um adolescente no início do jogo, eles podem aceitá-la ou não. À medida que uma criança fica mais velha, os percentuais daqueles que não aceitam chances vão aumentando, e quanto aos adolescentes é uma minoria que as aceitam. As razões que os levam a não aceitarem a vantagem é por confiarem em seu potencial para vencer e por acreditarem que a vantagem inicial pode tirar-lhes o mérito de uma possível vitória. Esta posição mostra-nos uma postura mais ativa e competitiva, de quem acredita em seu potencial e não quer receber ajuda. Durante o jogo é possível observar se esta postura condiz com sua real capacidade. A reação diante da derrota evidencia se é uma postura consistente de uma busca de melhor atuação, sem uma ajuda externa (quando há aceitação), ou se é uma postura fantasiosa de potência (quando não aceita a derrota).

Quando a vantagem não é aceita devemos respeitar esta posição. Quando a desvantagem do jovem no transcorrer da disputa é muito grande, é necessário explicar a ele que a chance é apenas um recurso para equilibrar a disputa. Deixar claro que a melhor condição do adulto, naquele momento, é circunstancial, e que em outra atividade o jovem poderá ter melhor desempenho, e, neste caso, será ele quem dará a chance, (como acontece, muitas vezes, no vídeo game). Se, mesmo assim, o jovem não quiser a chance, sua posição deve ser respeitada.

Algumas crianças e mesmo alguns adolescentes pedem uma larga vantagem para que não corram o risco de perder. Outros chegam ao ponto de pedir ajuda durante o jogo e até mesmo para deixá-los ganhar. Quanto mais idade tiver a criança ou o adolescente que requer este tipo de ajuda, maior a imaturidade. O indivíduo imaturo focaliza-se apenas no resultado. Desde que não se frustre, nada mais importa. Esta postura indica uma tendência à passividade e dependência. É comum em jovens que não acreditam em sua capacidade de superação das dificuldades e tem baixa tolerância à frustração.

O mais prático para o adulto, nestas situações, é, inicialmente aceitar, não se ressentindo por jogar em situação de desvantagem, e nem desprezar a vitória do jovem, ao contrário, elogiar sua atuação. Mas, à medida em que forem jogando mais vezes, o adulto deve negociar com o jovem chances que possam, gradativamente, equilibrar o jogo, para que o jovem consiga enfrentar o medo de perder e aceite melhor a possibilidade de frustração.

Em alguns casos extremos de medo da frustração, determinadas crianças e adolescentes, recusam-se a participar da disputa para não correrem o risco de perder.

Alguns jovens buscam a vantagem com objetivo de equilibrar a disputa. Para isto, é preciso levar em conta a sua capacidade e a do adulto, naquele determinado jogo. Uma adaptação à melhor chance (ou a ausência de chance), necessita, na maioria dos casos, de que o jogo seja jogado mais vezes. Esta adaptação à realidade vai mudando, na medida em que a capacidade do jovem, ou do adulto, melhora com a prática. É óbvio que esta é a postura mais flexível, onde o jovem aceita o seu real potencial e também suas impotências, onde a realidade é sempre analisada e se busca uma adaptação a esta. Pela mesma razão, não há nenhum problema em que o adulto aceite chances em um jogo no qual esteja aquém da capacidade do jovem.

2. Inteirar-se das regras

Antes de iniciar um jogo, a criança ou o adolescente apresenta determinadas atitudes com relação às regras:

Pergunta como se joga e fica atento às explicações dadas.

Através desta atitude, podemos perceber que o jovem está ciente de que o jogo requer regras e mostra o desejo de conhecê-las, ou de verificar se a forma de jogar do adversário é igual à sua. Esta atitude demonstra que reconhece o adversário em questão como autoridade conhecedora das regras. Esta postura inicial, revela capacidade de concentração e organização para realizar uma tarefa dentro de limites propostos (tempo de construção).

Pergunta como se joga, ouve as primeiras explicações e depois desvia a atenção.

Esta é uma situação intermediária, em que a criança conhece a necessidade de seguir as regras, tem uma atenção inicial para estas, mas sua condição emocional para manter o processo de atenção à autoridade e adaptação aos limites, ainda é insuficiente, sua atenção ainda é flutuante. É necessário atentar para o momento em que jovem começa a se dispersar, de modo a solicitar que volte a se fixar nas instruções.

Quer iniciar o jogo sem ter a preocupação de conhecer as regras.

É a situação que revela maior imaturidade, onde predomina a impulsividade, sem focalização nas regras e o tempo de construção é inexistente. O objetivo é vencer, independente de como isto será conseguido. O trabalho da autoridade, neste caso, é, no primeiro momento, explicar a necessidade de que as regras sejam conhecidas e respeitadas por todos os jogadores, caso contrário, haverá muitas discussões e, provavelmente, não haverá condições de continuar o jogo. Em seguida, as regras devem ser explicadas com calma, apesar da ansiedade da criança de iniciar o jogo e de sua dificuldade de focalizar a atenção.

Diz que sabe as regras e realmente está a par destas.

Indica capacidade de avaliar seu conhecimento e suas condições para atuar, no que diz respeito às regras.

Diz que não sabe as regras, mas na verdade as conhece.

Indica uma tendência a subestimar-se, a desconsiderar suas potencialidades. Quanto maior o grau do conhecimento, maior esta tendência.

Diz que sabe as regras, mas tem apenas um conhecimento parcial destas ou não as conhece.

Indica tendência da criança a superestimar sua capacidade; quanto maior o grau de desconhecimento, maior esta tendência. Esta atitude pode decorrer também da vergonha ou do temor de afirmar que não sabe. Isto ocorre, muitas vezes, porque a pessoa confunde ignorância (no sentido de ignorar), com incapacidade intelectual.

Ouve as regras atentamente e questiona alguns itens.

Mostra capacidade de receber a informação e agressividade para assumir uma posição crítica. A agressividade será tanto mais elaborada, quanto melhores e menos passionais forem os argumentos usados no questionamento.

Concluindo, cabe à autoridade sempre orientar à criança ou ao adolescente acerca da necessidade de se inteirar das regras, bem como aceitar suas potências e impotências, no processo de aprendizagem e na evolução pessoal.

3. Posturas durante a partida:

Aceitação do que foi combinado

Quando o indivíduo, ao participar de uma competição aceita o combinado, mostra capacidade de adaptação ao meio e respeito pelo adversário. É um indicador de maturidade, principalmente quando a pessoa, mesmo perdendo, continua mantendo esta postura.

Tentativa de inventar novas regras

Alguns jovens quando estão perdendo introduzem novas regras no jogo, afirmando que foi assim que aprenderam a jogar. Muitas vezes em que isto acontece, percebemos que as novas regras foram inventadas de acordo com a conveniência do momento.

O aconselhável é que a autoridade verifique, no manual de regras que acompanha o jogo, se existe a regra citada pelo jovem. Se existir, a autoridade reconhece a regra como válida. Se não existir, o jovem não pode introduzir a nova regra, a não ser que seja realizado um novo acordo entre os participantes. Caso não se tenha em mãos o manual de regras, os jogadores devem discutir as regras e entrar em acordo quanto as regras que devem prevalecer. Após isto, novas regras não serão aceitas.

O desejo de introduzir novas regras durante o jogo pode ser um indicador de jovens com dificuldades de aceitar perder, buscando formas sutis de burlar as regras. É também indicador de boa capacidade intelectual e criatividade. Quando contestados, eles buscam a discussão, tentando sempre mostrar que tem razão, mesmo que eles mesmos não acreditem nisso. Quando a autoridade não aceita as novas regras tendem a assumir a postura de vítima, projetando na autoridade a culpa de um possível fracasso.

Tentativa de negociar os limites

É uma postura que revela maior maturidade que a anterior. O jovem busca transgredir a combinação pré-estabelecida, mas o faz abertamente, buscando um novo acordo com o adversário. Esta atitude demonstra uma agressividade elaborada, apesar da dificuldade em aceitar a frustração.

Acusar a pessoa que está vencendo de estar transgredindo as regras (projeção de culpa)

É muito comum jovens que tem baixa tolerância à frustração e dificuldade de aceitar as regras acusarem de "roubo"quem está obtendo melhor desempenho no jogo. Isto é apenas uma projeção de seu próprio referencial, e incapacidade de aceitar o outro como mais potente, em determinada situação.

Transgredir abertamente

A imaturidade é tamanha que o indivíduo desconsidera o limite e o adversário, seguindo apenas os seus desejos. Isto acontece, principalmente quando ele está perdendo o jogo, pois não aceita a frustração.

Transgredir escondido

Neste caso, o transgressor segue os seus desejos, mesmo que para isto tenha que desconsiderar o que foi combinado com seu adversário. Mas tenta manter uma imagem perante o outro de maior maturidade, até para impedir o protesto do adversário.

Estes indivíduos, muitas vezes, justificam esta postura fazendo uma projeção do seu próprio referencial no outro, pressupondo que o adversário possa também estar transgredindo de forma velada.

Outra razão para que o indivíduo transgrida escondido é a sensação de superioridade que este ato lhe proporciona. Ele sente que, ao enganar o outro, está vivendo um novo tipo de jogo no qual esta sendo mais esperto.

Todas estes comportamentos indicam como o indivíduo lida com situações em que tem que demonstrar sua capacidade. Se ele se fixa no desempenho ou se ele busca atalhos para obter um melhor resultado. Ao adulto cabe a postura de não ceder, manter o combinado. Se for o caso no próximo jogo, mudam-se as chances, e até mesmo as regras. Estas, uma vez mudadas, terão que valer para ambos. O adulto deve estar atento de forma a não desconsiderar a importância de seguir as regras, pois a situação de jogo é uma oportunidade para catalizar a internalização dos limites.

Uma vez que o objetivo de um jogo é superar-se, buscar transpor os próprios limites, quando acontece das regras serem burladas, é necessário confrontar abertamente o indivíduo deixando claro, a ilegitimidade da vitória alcançada. Interpretar que, ao vencer desta forma, ele busca o reconhecimento do outro, mas sabe que não venceu de verdade, ou seja, não venceu pelo seu desempenho. Esta interpretação pode ser um catalizador que permite, com o tempo, não apenas uma melhor internalização do limite, mas também visa afastar o indivíduo da constante preocupação de mostrar-se potente perante o olhar do outro, para que este reconheça a sua importância. Visa também alertar aqueles que, ao transgredirem, buscam ser "espertos", que este tipo de esperteza é de curto alcance. A esperteza de longo alcance requer a interação com o outro dentro do que foi inicialmente acordado. Visa desenvolver o desempenho, dentro de um contexto de regras, possibilitando ao indivíduo o tempo de construção.

4. Reação diante dos resultados da atividade

Quando o indivíduo vence o jogo é importante observar sua atitude. Colocamos como ponto de referência três variáveis fixas, a partir das quais as reações à vitória podem transitar.

- A atitude mais madura, que demonstra um ego mais centrado, buscando uma equidistância entre potência e impotência é aquela em que o jovem consegue respeitar o adversário numa situação circunstancial de superioridade. Na qual ele tem a capacidade de não se superestimar, satisfazendo-se com a vitória sem se apegar a esta.
- A atitude em que o indivíduo associa o momento da vitória a uma superioridade geral de seu ego em relação ao adversário. Indica um apego à potência, uma necessidade de desconsiderar a capacidade do outro com o intuito de manter a imagem de superioridade. Ás vezes, acontece do indivíduo após vencer, negar-se a participar de novas disputas para não quer correr o risco de perder o jogo e a posição de vencedor. Isto indica apego à potência, como defesa do temor da impotência.
- Há também a postura de desconsiderar a própria vitória, atribuindo-a apenas à sorte, ou alegando que o adversário jogou aquém de sua capacidade. O indivíduo que assume esta atitude está apegado à postura de impotência, desqualificando qualquer acontecimento que ameace esta autoimagem.

Quando o indivíduo é derrotado no jogo é possível observar sua capacidade de aceitação da frustração.

- Alguns reagem de forma tranquila, aceitando o fato como ele realmente é, ou seja, circunstancial.
- Outros sentem raiva, mas mantêm um controle sobre esta.
- Há também os que, sentem raiva e não conseguem controlar sua emoção, atacam objetos do meio, acusam ou atacam o

adversário. Isto indica não só uma baixa tolerância à frustração, como também uma maior impulsividade.

- Existem os que se vitimizam, sentindo-se prejudicados pelo adversário, como se esperassem que este, por dó, não vencesse a partida.
- Outra postura que se percebe é a de querer continuar jogando até conseguir ganhar. É um indicativo de baixa tolerância à frustração, mas denota também uma capacidade de persistir, uma disposição a alcançar um objetivo.

Quanto maior a dificuldade de aceitar a frustração, maior a imaturidade da criança ou do adolescente. Para fazer este diagnostico é necessário sempre considerar idade cronológica. Até os seis, sete anos, a baixa tolerância à frustração é considerada normal. A partir desta idade, mantendo-se a baixa tolerância à frustração, a imaturidade é diretamente proporcional a idade cronológica.

Nos jogos de equipe é interessante observar como a pessoa se comporta diante da vitória e da derrota, associando a responsabilidade destas, a toda equipe, a si mesmo, ou aos outros. É normal que aqueles mais imaturos atribuam a conquista da vitória a si e projetem a culpa da derrota nos companheiros.

Há também aqueles que se culpam pelas derrotas e creditam a vitória aos companheiros, excluindo-se desta.

Uma postura de maior maturidade consiste em associar tanto a vitória quanto a derrota ao grupo.

A aceitação de limites é muito importante para a participação do indivíduo em jogos, e no caso de jogos em equipe, contribui ainda mais para sua socialização. A integração ao grupo depende da capacidade de tolerância à frustração, pois quanto maior a tolerância à frustração, menor a projeção de culpa. Ao entender que tem sua função dentro da equipe, no desempenho da qual pode expressar e desenvolver o seu potencial, mas que também outras pessoas exercem funções que, normalmente, não cabem a ele exercer (impotência), o indivíduo pode atuar no seu espaço, respeitando o espaço de atuação dos outros elementos. Na medida em que diminui a catexização em seu próprio ego, o indivíduo aceita melhor as potências e impotências dos outros integrantes do grupo, sendo, consequentemente, melhor aceito por estes.

CAPÍTULO XIII

O limite e as drogas

Alguns autores consideram que o uso de drogas na adolescência chegou ao ponto de funcionar como um processo de iniciação ao mundo adulto, uma substituição dos rituais de iniciação das sociedade primitivas. Principalmente entre os homens, beber muito e usar drogas é percebido como indicador de masculinidade, de força, de coragem. Para muitos jovens, na verdade, a experiência com drogas serve à necessidade de romper e transpor os seus próprios limites, em busca de afirmação de sua individualidade. Oferece um mundo novo que se descortina. O problema é que nem todos os jovens ultrapassam estes portais de iniciação. Muitas vezes, ficam. E ficam com as drogas.

Atualmente, uma das grandes preocupações dos pais, é a possibilidade de que seus filhos se envolvam com o uso e vício de drogas. Consideremos alguns questionamentos comuns, concernentes a este assunto:

- O que a sociedade e os pais consideram como drogas?
- Como orientar e prevenir o jovem quanto às drogas?
- Que medidas podem ser utilizadas para que o jovem não se torne um drogadicto?
- Como lidar com um filho drogadicto?
- Porque o consumo das drogas tem aumentado em nossa sociedade?

O dicionário define droga como "Substância entorpecente alucinógena e excitante, ingerida com o fito de alterar a personalidade." Podemos ainda acrescentar, substâncias que alteram a percepção, as vivências emocionais e até mesmo o desempenho físico e intelectual. No Brasil existem drogas legalizadas, que são vendidas para o uso direto ao qual se propõe, como os cigarros e as bebidas alcoólicas. Há outras substancias legalizadas, que são usadas fora do uso ao qual se propõem, como cola de sapateiro, tiner, fluido de isqueiro, medicamentos etc. Existem também as drogas ilegais: maconha, cocaína, crack, LSD etc. Em nossa sociedade, o que se considera como drogas propriamente ditas, são aquelas citadas como ilegais. Apesar do maior índice de viciados ser constituído por alcoolistas, e do fato de tanto o álcool, quanto o cigarro provocarem dependência física e psicológica, estes não ocupam, em nossa sociedade, o status de drogas. Há até mesmo, muitas pessoas que atribuem o alcoolismo apenas à fragilidade da pessoa envolvida, desconsiderando o poder do álcool como substância que provoca dependência. Quanto ao cigarro, talvez não seja percebido popularmente como droga por não provocar alterações drásticas no comportamento. Aliás, o seu uso apresenta um aspecto peculiar, porque propicia ao usuário uma maior consciência da respiração. Essa consciência é recomendada em praticamente todas as terapias corporais, e até mesmo na meditação, visando a uma melhor percepção e desempenho corporal. Mas, quando o indivíduo entra em contato com a respiração através do cigarro, acaba prejudicando a própria respiração e outras funções corporais.

Um questionamento que muitos jovens fazem é "Por que o cigarro e as bebidas alcoólicas são permitidos, já que são drogas que causam dependência física e psicológica." O fato é que existe uma indústria poderosa de cigarros e bebidas que, é certo, impede a proibição de tais drogas. Mas há outras variáveis. Quando se descobriu e se considerou o grau de malefícios destas substâncias, elas já estavam tão integradas à nossa sociedade, que ficou muito difícil proibi-las. Com o passar do tempo, elas vem sendo incorporadas aos mais variados eventos em nossa sociedade (reuniões de amigos; encontros de família, onde os adultos fazem uso de bebida alcoólica e cigarro perto dos jovens). Aliás, a banalização do risco do uso destas substâncias é algo preocupante. Em nossa sociedade as pessoas são estimuladas a usar a bebida alcoólica. Existem até mesmo alguns pais que, apesar de conhecerem a lei que proíbe o consumo do álcool para menores de dezoito anos, estimulam seus filhos a fazerem uso desta substância. A verdade é que, se quisermos realmente questionar o aumento da drogadicção em nossa sociedade, teremos que enfrentar estas e outras contradições.

É importante também considerar o abuso do uso de medicamentos psiquiátricos. Estes devem ser ministrados não como resolução de problemas, mas como uma forma de alívio para quem chegou ao limite do sofrimento emocional e de percepção da realidade. Mas tem havido abuso no uso deste tipo de medicação. Alguns médicos chegam ao ponto de receitá-los para pessoas que estão vivendo um processo de luto, com o objetivo de evitar que a pessoa sofra, o que é natural e necessário nesta situação.

Há pessoas que fazem uso sistemático de medicamentos para dormir, outras que os utilizam para se concentrarem nos estudos, a fim de obterem maior vantagem em exames e concursos. Na verdade, os médicos mais cuidadosos nesta área são os psiquiatras, por estarem, realmente preparados, para fazer um diagnóstico.

Resumindo, os medicamentos psiquiátricos estão indo além de sua função de propiciar um recurso para quem os sintomas de uma doença psicológica tornaram-se insuportáveis para si e para terceiros. O uso destes medicamentos torna-se inadequado e perigoso quando ministrado para impedir que o ser humano passe por qualquer tipo de angústia. Perigoso porque desta forma eles alienam as pessoas de sua realidade, impedindo o seu desenvolvimento. Assumindo este papel, os medicamentos não se diferenciam em nada das drogas vendidas nas ruas. Portanto, os limites no que se refere aos medicamentos psiquiátricos começam, inclusive, com um questionamento da parte dos profissionais que os prescrevem. Qual a verdadeira função do uso de medicamentos psiquiátricos: integrar o indivíduo à realidade ou aliená-lo desta.

Outra questão a se considerar é que nem todas as pessoas que experimentam drogas viciam. Por que algumas pessoas se entregam aos atos compulsivos, ou se agarram ao consumo de determinada substância? A compulsão pode estar focalizada até mesmo em comportamentos aceitos socialmente, como trabalho, exercício físico, rezar, passear, limpar etc. O apego também pode focalizar-se em drogas, comida, pessoas, seitas, tv, vídeo game, computador etc.

Na sociedade de consumo, a ideia básica é que, quanto mais e melhor o indivíduo puder adquirir, consumir, melhor será sua vida. Esta postura é vivenciada em relação a bens materiais e até mesmo nas relações interpessoais. A busca do prazer imediato e da auto afirmação através do consumo, instituídos como valores básicos, deixa uma porta sempre aberta para aqueles mais imaturos e emocionalmente dependentes tornarem-se consumidores compulsivos, inclusive de drogas.

Numa cultura em que o trabalho está associado à ideia de castigo, maldição ou representa, no mínimo, um mal inevitável, torna-se necessária a recompensa para aquele que se sujeitou a fazê-lo. Alguns se satisfazem com a recompensa financeira, outros sentem a necessidade de contrabalançar o trabalho com diversão, algum tipo de prazer, e este é, muitas vezes, associado à droga. Há, inclusive, um comercial de bebida alcoólica que se utiliza dessa necessidade como estratégia comercial. A mensagem é clara: "A pessoa que ralou (trabalhou) o dia inteiro adquiriu o direito de beber."

Percebemos dois tipos básicos de consumidores compulsivos de drogas: o primeiro é aquele que trabalha e compensa essa jornada com o consumo de drogas (geralmente álcool), no final do dia e nos finais de semana. Este está mais inserido no contexto social e o que o diferencia dos outros é a frequência e intensidade com que se entrega à "compensação", à diversão, e esta é, muitas vezes, associada à droga. Percebemos em seu cotidiano que esta pessoa até cumpre as obrigações que lhe são impostas, mas busca sua afirmação de liberdade pessoal naquilo que acredita ser seu momento de prazer. A obrigação não foi transformada em compromisso durante a adolescência. Há uma fixação na manipulação do prazer. Quando o apego torna-se mais intenso, as próprias relações familiares são distantes, são sentidas como novos problemas a serem resolvidos. Há uma focalização no contato social, onde os amigos são percebidos como parceiros de diversão.

O outro tipo é aquele que tem dificuldade de se manter no trabalho, ou, em muitos casos, nem chega a trabalhar ou estudar. Ele se entrega de forma incondicional à chamada diversão, normalmente associada à droga. São pessoas que na maioria das vezes estão fixadas na fase oral, que se caracteriza pela passividade, onde o bebê está sempre recebendo, sem uma maior atuação perante o mundo a não ser chorar diante de suas necessidades orgânicas. Este tipo caracteriza-se por uma dependência emocional e financeira. Consegue os ganhos através da vitimização. Em casos mais graves, quando frustrado, há até a ameaça à própria integridade física ou violência com terceiros. Quando jovem, apoia-se nos pais, (na maioria das vezes, na mãe), e, caso venha a casar-se, será dependente do cônjuge. É como se fosse uma criança que se recusa a inserir-se no mundo de responsabilidades do adulto.

Ambos os tipos de consumidores compulsivos de drogas, normalmente, entram em depressão quando param de consumi-las. Na verdade, a depressão sempre esteve presente, mas foi mascarada pelo consumo compulsivo de drogas. Pode-se dizer que, após resolverem encarar as responsabilidades e suas angústias, estes indivíduos estarão aptos a iniciar o caminho da sobriedade.

Uma pergunta sempre presente entre pais e educadores é qual o papel do limite quanto a minimizar ou até mesmo impedir a incidência do uso compulsivo de drogas entre os jovens. O primeiro recurso é o próprio limite verbal que, neste caso, caracteriza-se por informações dadas aos jovens sobre as drogas quando eles perguntam ou, melhor ainda, quando uma oportunidade se apresenta. Infelizmente oportunidades para os pais citarem os malefícios das drogas não faltam no nosso cotidiano: jovens pedintes nas ruas, normalmente usuários de drogas; Acidentes e violências provocadas pelo uso de drogas. Estes exemplos mais diretos e contundentes são melhores para exemplificar os problemas das drogas do que dizer ao jovem que a droga faz mal para a saúde. A criança e o jovem são, na maioria das vezes, tão saudáveis que se acham isentos de futuros problemas de saúde. É necessário aproveitar situações que funcionem como gancho para o assunto, e não fazer disto um ritual maçante em que o filho nem presta mais a atenção. Quanto à questão de informar sobre a droga, é importante não se restringir aos seus efeitos negativos. É necessário informar aos jovens que o uso de drogas, principalmente no início, pode trazer muito prazer. Mas que, a longo prazo, os prejuízos que elas trazem não compensam este prazer inicial. Que o fato de que algumas pessoas viciam mais facilmente do que outras é verdade, mas que o risco do vício sempre existe. Quando se focaliza apenas nos malefícios da droga, e o jovem vê tantas pessoas envolvidas com elas, ele poderá questionar: mas se as drogas são tão ruins, porque tantas pessoas continuam ligadas a elas? Ele poderá considerar que os pais lhe passaram não uma informação parcial, mas uma informação falsa. Para que o jovem possa lidar, de forma madura com às drogas terá que ser informado de suas vantagens, mas do alto preço a se pagar por estas.

É muito comum, jovens e até mesmo alguns adultos afirmarem que as drogas lhes possibilitam percepções e sensações que poderão propiciar uma evolução pessoal. Mas, a verdade é que, na grande maioria das vezes, estas pessoas buscam o uso da droga muito mais como diversão do que como busca de conhecimento. Muitas vezes, elas fazem até uma comparação com rituais indígenas, onde o xamã busca outra percepção da realidade através do uso de substâncias que alteram a percepção cotidiana. Mas o que estas pessoas esquecem é que há uma diferença cultural muito grande, que os índios fazem uso destas substâncias em rituais esporádicos e não semanalmente ou diariamente como fazem os usuários de nossa cultura maníaca e compulsiva. Que é um problema as pessoas se agarrarem a um estado emocional ou de percepção que ainda não é seu, por direito conquistado. Que estas pessoas podem até acreditar que evoluíram, mas, muitas vezes, estão apenas apegadas ao salto perceptivo que a droga lhes proporciona. Quando é proposto a elas que abandonem a droga e tentem realmente caminhar, buscar evoluir de uma forma mais difícil, porém consistente, elas resistem. O uso compulsivo de droga, que aparentemente as permitiu evoluir, na verdade, as mantêm presas em termos evolutivos.

A droga dá uma falsa potência à pessoa, e também aumenta a sensação de impotência, pois no fundo ela sabe que toda sua aparente evolução é apenas superficial, mental.

Um dos grandes problemas do ser humano é, sem dúvida, conviver com frustrações, aceitar limites, e especialmente conviver com suas próprias limitações, a própria impotência. Igualmente difícil é lidar com a própria potência, sem se perder no seu fascínio, sem perder a noção do limite. O drogradicto, em função de sua imaturidade emocional, sai pela tangente em relação aos seus próprios limites. Ele faz um atalho, através das drogas para chegar à experiência de poder instantâneo, para o qual ainda não está preparado.

Em nossa experiência com jovens, eventualmente percebemos posturas extremadas, no que se refere à maneira como se relacionam com o meio social, seus limites e responsabilidades. Há aqueles que se mostram responsáveis em suas atividades escolares, obtendo bom rendimento. Mas, nas relações sociais, apresentam-se imaturos, às vezes, arredios, com dificuldade para fazer amigos e dificuldades para o namoro. Falta-lhes desenvolver defesas necessárias para lidar com as pessoas e, em consequência buscam refugiar-se no mundo intelectual e na realidade virtual. Por outro lado, existem aqueles jovens que revelam grande desembaraço social, começam a sair e namorar cedo, tem suas defesas em relação à agressividade do meio, mas são imaturos em suas responsabilidades escolares, chegando a estabelecer uma dependência com a mãe ou terceiros.

O jovem com maior desembaraço social, normalmente começa a sair mais cedo para as atividades sociais. Portanto, ele apresenta maior risco de, ainda bem jovem, ter um contato inicial com as drogas. Sabemos também que, quanto mais cedo um jovem experimenta uma droga, mais impulsivo e imaturo ele estará, e, portanto, maior o risco de ficar viciado. Por outro lado, aquele jovem que fica muito enclausurado dentro de casa corre o risco de não adquirir defesas e, ao começar uma vida social mais intensa, estará mais vulnerável ao ter contato com as drogas.

Para diminuir estes riscos é necessário que os pais estabeleçam alguns limites. É importante estabelecer um horário de chegar em casa que seja adequado à idade do jovem e à natureza do evento a que ele está indo. Inclusive, este evento também deve estar condicionado à sua idade. Além da idade os pais devem conduzir-se no sentido de direito e deveres. Assim, as saídas devem estar atreladas à maneira como o jovem tem assumido suas tarefas escolares. Ele provavelmente usará como argumento que já tem idade para sair. Aos pais caberá mostrar-lhe que a confiança em sua maturidade passa pela forma como ele a tem demonstrado em suas responsabilidades escolares. Por outro lado, quando o filho não gosta de sair, deve ser estimulado a fazê-lo, permitindo que entre em contato, desde criança, com o meio social, aumentando sua capacidade de defesa, suas possibilidades de lidar com o meio.

Ao administrarem os limites de forma adequada, com assertividade, os adultos possibilitam ao jovem melhor consciência de sua potência e de sua impotência. Isto permite um caminhar mais sóbrio, e as próprias transgressões poderão ser resultantes de projetos e não apenas atos rebeldes, imaturos.

Com a idade o filho vai se afastando dos pais e isto é normal, faz parte do processo de desenvolvimento. Mas este afastamento não pode ocorrer de forma radical. É importante que a família mantenha uma convivência, onde a proximidade afetiva, mesmo com os possíveis atritos, seja sempre privilegiada.

Caso os pais percebam mudanças no comportamento do jovem que possam indicar o possível uso de drogas (letargia durante o dia, irresponsabilidade com o estudo ou trabalho, irritabilidade), é importante que fiquem mais atentos se houve alteração dos lugares que o jovem frequenta e mudança do círculo de amizades. Mas os pais devem ter o cuidado de não estabelecer um controle excessivo sobre o filho, pois isso não impede o uso de drogas. O que percebemos é justamente o contrário, um controle excessivo mantém o filho imaturo. A superproteção passa a mensagem subliminar que o jovem não é capaz de lidar sozinho com as adversidades do meio. A dependência emocional pode determinar uma maior suscetibilidade à influência do grupo, e também pode tornar-se a base de uma dependência química.

Aliados à informação, aos limites, à proximidade afetiva e à observação do comportamento do filho, consideramos dois outros importantes fatores que diminuem o risco da dependência de drogas: o exemplo dos pais e o projeto de vida.

Para que o exemplo dos pais se revele eficaz, é necessário que eles também estejam empenhados na busca de sua própria evolução pessoal, dentro de uma sobriedade que lhes for possível naquele momento. Um dos caminhos a se percorrer nesta busca é o desapego. É preciso deixar claro que desapegar-se não é o mesmo que, não gostar de nada, ou não poder fazer nada.

É possível, por exemplo, aprender a saborear a comida, sem apegar-se a ela. Quanto mais os pais conseguirem obter prazer das ações do cotidiano, sem uma manipulação compulsiva destas, quanto mais utilizarem os bens materiais, sem um apego a estes, estarão dando um exemplo de sobriedade, não se agarrando inclusive a idealizações rígidas e estéreis. Através deste exemplo os pais estarão mostrando ao filho uma postura mais realista, fugindo de posturas altamente idealizadas, que não condizem com seu próprio comportamento, ou de posturas condescendentes, por se sentirem incapazes ao não agirem da forma ideal. Ou seja, é importante que haja consistência entre o discurso dos pais e sua prática, oferecendo ao filho um modelo, uma referência. A identificação com este modelo permite ao filho uma postura mais ativa diante da realidade, sem a necessidade de agarrar-se a salvadores, a facilitadores ilusórios.

Se a proximidade afetiva dos familiares liga o jovem ao seu passado, isto é, à sua memória afetiva, e os limites o direcionam dentro de sua realidade atual, o projeto de vida norteia o futuro do jovem, propiciando significado às suas vivências. Permite o desenvolvimento do potencial humano, a transposição das limitações, alimentando a esperança. Para que o jovem estabeleça e realize seu projeto, é necessário que desenvolva as seguintes práticas:

Acreditar em seu potencial

Quando os pais focalizam a educação no limite estão mostrando ao filho que acreditam em sua capacidade de atuar perante o meio. Que se pode acertar ou errar, mas que é necessário aceitar as consequências dos próprios atos. Ao contrário, quando focalizam no controle contínuo, fica implícita a mensagem de que não há uma confiança maior na capacidade do filho em atuar na realidade, e de que errar, transgredir não é aceito.

Tolerância às frustrações

Na medida em que se relaciona e recebe limites, a criança aprende a suportar e aceitar as frustrações como parte integrante de sua vida. Aprende que a vida não pode ser somente regida por seus desejos imediatos. Isto permite ao seu ego maturidade para lidar de forma mais realista com o meio.

Tempo de construção

Os limites proporcionam ao filho uma disciplina para montar estratégias contra este inimigo tão comum – a preguiça. Ao ministrar os limites com firmeza, evitando a condescendência, os pais possibilitam ao filho ser menos indolente, e aceitar que há o tempo de construção, de gestação de seus projetos.

Numa sociedade impregnada pela crença de que, após o sacrifício vem a redenção, onde aqueles mais imaturos usam esta crença para se darem ao direito de usar drogas após terem feito suas obrigações, torna-se fundamental a busca de um projeto. Este projeto só será evolutivo, desde que seja um caminho a percorrer, através do qual o indivíduo atue socialmente e se realize como pessoa. O projeto de vida ajuda a pessoa a trabalhar naquilo que lhe dá mais prazer, onde ela se sente inteira e realizada. Quando um jovem tem como projeto divertir-se no próximo final de semana, tenderá ao tédio e ao uso de drogas. Para o jovem buscar o seu real projeto, é necessário que se focalize em suas reais aptidões. Normalmente, já na infância, seus gostos e fantasias podem lhe dar uma informação de que caminho lhe trará maior integridade. Suas preferências escolares também podem servir de indicativo.

CAPÍTULO XIV

Limitar e transgredir

É interessante notar que a literatura disponível sobre limites, na maioria das vezes, quando se refere às crianças enfatiza temas como estabelecer e manter limites, diversas formas de ministrar limites, importância e necessidade de limites etc. Já nas abordagens que se referem aos adultos, predominam os aspectos do rompimento dos limites estabelecidos e da transposição das limitações pessoais.

Esta diferenciação na abordagem dos limites alerta-nos para o risco de considerarmos o limite e a transgressão como práticas excludentes, no processo da aprendizagem humana. Estas duas práticas se complementam, fazendo parte de um processo dinâmico. São como faces da mesma moeda, e esta moeda chama-se evolução (pessoal, social e histórica). É comum considerar a infância como o momento exclusivo dos limites, e à maioridade como o momento da transgressão, da liberdade. Alguns adolescentes, por exemplo, manifestam o desejo de chegar à maioridade para terem a liberdade de fazer tudo que quiserem. Mas o que se deve considerar é que limite e transgressão coexistem em todos os momentos da vida, já que o indivíduo está sempre evoluindo. O limite deve ter a flexibilidade de dar espaço à transgressão, à mudança das regras até então estabelecidas. Este processo é similar ao processo de evolução cognitiva de Piaget, onde o limite equivaleria à acomodação, ou seja, melhorar a consistência da forma estabelecida de atuar perante a realidade. Após um tempo neste processo, vem o conflito e com ele a transgressão, que equivale à assimilação, ou seja, novas formas de entender e atuar perante a realidade.

Transgressões e desenvolvimento na infância

Os primeiros limites colocados no início da infância são direcionados para preservar a integridade física. Esta categoria de limites mantêm-se por toda vida. No entanto, o desenvolvimento da criança é um contínuo transgredir, uma quebra constante da segurança até então estabelecida. Já nos primeiros meses de vida, a criança, que estava sempre imóvel, aprende a rolar o corpo. Caso ela esteja numa cama, e os adultos não estejam atentos, ela pode cair e se machucar. Por isto mesmo alguns pais limitam fisicamente o espaço da criança. Já aí vemos algumas diferenças na forma de limitar. Alguns pais dão espaço para que a criança possa rolar, mas limitam este espaço. Outros não oferecem nenhum espaço à criança. E há aqueles que nem fazem delimitação física, deixando a criança totalmente livre.

Quando a criança aprende a sentar-se também corre riscos, e, quando começa a ficar em pé e andar os riscos aumentam cada vez mais. Toda vez que ela rompe um limite físico, toda vez que sai de uma ordem até então estabelecida, ela inevitavelmente corre risco, põe em perigo a sua integridade física. Aos pais cabe a tarefa de não serem nem temerários, e nem temerosos, ou seja, não adiantarem os processos por uma questão de orgulho, ou pressa para que a criança obtenha uma independência precoce, e nem atrasarem o processo de desenvolvimento por uma questão de medo e apego. A pressa por um desenvolvimento precoce está associado tanto ao orgulho de mostrar para os outros como o filho é esperto, como também a um desejo, às vezes inconsciente, de um desenvolvimento rápido, porque quanto mais independente, menos cuidados e, portanto, menos energia os pais terão que gastar com o filho. Quando a postura é de medo e apego, fica evidente que os pais projetam no filho os seus próprios medos de correr riscos perante a vida, não aceitando a possibilidade de perder, de sofrer. Em suas atividades, os filhos sempre correm o risco de cair, de sofrer, e, até mesmo morrer. Há também que considerar o fato de que ao crescerem, os filhos tornam-se cada vez mais independentes e fora do controle dos pais. Quanto maior o apego a uma situação estabelecida, à segurança, maior o medo. O temor da mudança, da transitoriedade, quando muito acentuado, leva a uma rigidez e a um desejo, consciente ou, na maioria das vezes inconsciente, de manter o indivíduo imaturo, para que fique mais fácil e se justifique manter um “controle” sobre ele. Como já foi dito, até a idade de 4-5 anos é necessário um controle maior nas ações da criança, pois ela ainda não tem muita noção dos riscos à sua integridade física. É importante salientar que, mesmo neste período, o controle deve diminuir gradativamente. À medida que vai crescendo, a criança adquire noção de que, como indivíduo, está sujeita à morte, e acontece também a internalização dos limites. Paralelamente a este processo, haverá um gradativo aumento dos limites e uma diminuição do controle. Mas os limites terão que ser ministrados de forma dinâmica, com flexibilidade para permitir as constantes transgressões, inerentes ao desenvolvimento da criança.

Os limites na área de higiene, por estarem associados à saúde, são um derivado dos limites de integridade física. É muito comum os pais reclamarem das crianças transgredirem nesta área. O que leva uma criança ou mesmo um adolescente a desejar transgredir, quando lhe é exigido manter a higiene pessoal? Várias são as possibilidades para que estas transgressões se manifestem:

Luta de poder com os pais. Não aceitação da autoridade dos pais, numa tentativa de buscar a liberdade para suas próprias ações.

Um desejo de manipulação emocional dos pais, o que propicia à criança uma sensação de poder. Esta manipulação emocional pode ser através da desobediência, de forma a provocar raiva (abalar os pais). Ou através da vitimização, provocando dó e culpa nos pais.

Preguiça: Indisponibilidade ou adiamento constante de qualquer ação que considere desagradável.

Mania: não aceitação de qualquer interferência na atividade que está propiciando prazer (brincadeiras), naquele momento.

Resistência a limites específicos: oposição a determinados limites, por não entenderem a necessidade destes, ou por acreditarem que estes estão sendo ministrados de forma exagerada.

O que percebemos da criança com relação às transgressões aos limites de higiene é que, na maioria das vezes, nem se trata de não querer cumpri-los, mas apenas um desejo de adiamento, ou de diminuição destes. No caso de pedidos de adiamento, os pais podem até aceitar, mas isto será feito desde que concordem com o argumento apresentado pelo filho. Caso os pais não concordem, o limite deve ser cumprido. Quanto à questão da não aceitação ou do desejo de diminuição de determinados limites, outro questionamento deve ser feito: até que ponto o filho tem razão? Pode estar havendo excessos por parte dos pais na questão de higiene? A transgressão do filho não seria um componente saudável dentro do sistema familiar? Este fator deve ser observado principalmente quando há traços de TOC (transtorno obsessivo compulsivo) na família.

À medida que a criança cresce, surge outro tipo de limite em sua vida. São as regras de convivência. Estas variam de acordo com a cultura, classe social, idade, mas persistem por toda a vida. Essas regras iniciam-se no contexto familiar e se estendem para outras formas de convivência social.

Partindo do princípio de que sem transgressão não há evolução individual ou social, uma questão a considerar é quando permitir e quando impedir a transgressão no relacionamento com os filhos. Para educar filhos, é necessário estabelecer limites, mas como fazê-lo sem tirar-lhes o impulso de transgredir, de questionar uma ordem estabelecida, por mais que o senso comum a aprove? Como possibilitar que o filho torne-se um transgressor com maturidade? Não há uma resposta definitiva para estas perguntas, mas uma coisa é certa: os pais precisam estar preparados para manter os limites, mas também para transpô-los, fugindo da rigidez de parâmetros imutáveis e, através de seus sentimentos e do bom senso, estarem abertos à dinâmica entre manutenção e transgressão dos limites.

Estar atento aos próprios sentimentos pode ajudar nas várias situações em que é necessário colocar e manter limites. Citamos o seguinte exemplo: uma mãe conta que sua filha de quatro anos tem se masturbado, esfregando-se em sua perna, e ela não sabe se deve ou não permitir que a criança continue com este comportamento. Ao ser questionada como se sente diante desta situação, a mãe diz que se sente extremamente mal, e até sua frio.

A orientação é óbvia: tirar a perna. O próprio corpo já comunicou a atitude a tomar.

Por outro lado, temos como exemplo de transpor o controle o seguinte caso: um filho, aos dezoito anos, teve que mudar de cidade devido aos seus estudos. Os pais combinaram com ele que, toda vez que viesse visitá-los, ao voltar para a cidade onde estudava, chegando em casa, deveria telefonar avisando. Após um tempo cumprindo este controle, o filho rebelou-se e não quis mais fazê-lo. Os pais acabaram aceitando que o filho tinha o direito de romper este controle. Na verdade, após a ansiedade inicial proveniente da perda do controle, os pais sentiram-se até mesmo aliviados, pois não tinham mais que ficar aguardando o telefonema do filho.

Há também os limites que norteiam o desenvolvimento da formação cultural e profissional. Constituem principalmente as regras relacionadas às atividades escolares. Estes limites estão extremamente mesclados a valores e expectativas, por parte dos pais, dos filhos, e também da sociedade. A transgressão nesta área deve ser questionada de acordo com os mesmos fatores citados nas situações anteriores: Preguiça, luta de poder com os pais, mania, oposição aos limites por acharem excessivos ou por não entenderem a necessidade destes, reação a uma tentativa exacerbada de controle e manipulação. Nesta categoria de limites, é importante que os pais mantenham com firmeza, aqueles que consideram básicos para, no futuro, possibilitar ao filho uma maior variedade de opções em sua decisão profissional. Mas quando chegar a hora da decisão, permitir ao filho flexibilidade na escolha. Quanto menor o controle dos pais, neste momento, menor a possibilidade de transgressões imaturas.

Conflito de gerações

Observamos que o ser humano tende à acomodação e aceitação de preceitos estabelecidos, à medida que envelhece. O jovem, ainda cheio de energia, em sua busca para situar-se dentro da realidade, apresenta, normalmente, uma posição questionadora das regras e valores do sistema. Isto, muitas vezes, torna-se motivo de conflitos entre as gerações. Citemos, como exemplo de transgressor, Albert Einsten. Ele aprofundou-se no conhecimento até então estabelecido em sua área (respeito). Ao deparar-se com obstáculos, teve disciplina, flexibilidade e coragem para buscar novas respostas. Teve paciência para, ao longo dos anos, provar matematicamente seus paradigmas. Desenvolveu um projeto que ultrapassou sua pessoa, motivado pelo amor à ciência, e o desejo de aprofundar-se na interpretação da realidade. No entanto, já idoso, opôs-se às novas transgressões, aos novos paradigmas de sua área. Transgressões para as quais ele mesmo havia aberto caminho. Este exemplo não é um caso isolado na área das ciências, onde muitos foram bem mais intransigentes com os novos transgressores (Freud, por exemplo). Será que o ser humano, ao envelhecer, adquire a necessidade de sedimentar o caminho percorrido? Será que, depois de transcorrida a juventude, necessita acreditar numa verdade final, tornando-se reativo a qualquer ameaça de transgressão a esta verdade? Será que, a partir da necessidade de segurança, ou por razões egomaníacas, precisa, em determinado momento de sua vida, defender-se de transgressões, recusando-se, muitas vezes, a avaliá-las adequadamente?

Se, na área da ciência, que evolui através de quebras de paradigmas, há conflitos, em nosso cotidiano então os conflitos revelam-se mais constantes, e, às vezes, mais intensos. Filhos e pais envolvem-se em embates, onde os pais são acusados de rígidos e intransigentes, e os filhos são taxados de imaturos, sem noção da realidade.

Os pais são autoridade para os filhos. Isto implica que estabeleçam regras, valores e comportamentos a serem cumpridos. Fazem isto a partir de sua concepção da realidade. Aceitar que a verdade está restrita à própria percepção da realidade e, ainda assim, transmiti-la a outro ser humano é uma tarefa difícil, porém necessária. Este processo leva aos inevitáveis conflitos entre pais e filhos. O conflito pode ser um passo para mudanças necessárias quando o sistema familiar consegue elaborá-lo. Ou pode cristalizar-se em posições extremadas que se limitam a embates emocionais.

Existe um consenso de que, em famílias autoritárias, onde o controle é exacerbado, a transgressão faz-se mais necessária. Percebe-se também que os transgressores de tais famílias tendem a posturas também inflexíveis e muitas vezes imaturas.

Por outro lado, um tipo de dinâmica familiar onde também se observa grande incidência de transgressões imaturas caracteriza-se pela postura indecisa, omissa ou excessivamente permissiva de pais com relação aos limites.

Alguns pais sentem-se perdidos, não sabem quais limites seriam adequados, como e quando colocá-los. Acabam não se posicionando ou assumindo posições inconsistentes, ora posicionando-se de uma forma, ora de outra. Ao exercerem sua autoridade, os pais precisam ter clareza de seus objetivos e nortear-se por um referencial. É importante que os pais estabeleçam entre si um consenso dos referenciais que considerem básicos de acordo com os seus valores e convicções. E que os filhos tenham conhecimento destas referências.

A título de ilustração, faremos referência a algumas situações do cotidiano dos filhos as quais costumam afligir os pais, justamente porque exigem discernimento e flexibilidade para identificar os momentos em que é adequado limitar e aqueles em que é necessário e natural aceitar as transgressões, deixar avançar.

Alguns pais que tiveram contato com drogas na juventude, e atualmente têm uma opinião contrária ao uso destas, relatam que se sentem pouco à vontade para expor sua opinião atual para o filho. Neste caso, alguns fatores devem ser considerados. O primeiro é que o contexto atual do uso de drogas mudou e, infelizmente, para pior. Outro fator, é que ninguém vai criar um filho com a maturidade que tinha aos quinze anos, e sim com a atual. O necessário é que, ao se lembrarem do próprio comportamento na juventude, os pais percebam que as transgressões fazem parte da evolução de todos, mantendo, se necessário, seus limites e convicções atuais, porém tendo paciência com as possíveis transgressões do filho.

Um fato muito comum é o jovem usar como argumento para convencer seus pais a fazerem concessões, exemplos de condutas mais permissivas de pais de colegas. Esta estratégia, às vezes funciona e, na maioria das vezes, deixa os pais inseguros em sua argumentação, e, até mesmo em suas convicções. Daí a importância de que tenham clareza quanto aos seus objetivos na educação dos filhos. E também de que os filhos estejam a par de tais objetivos.

A iniciação à vida sexual do jovem pode também ser motivo de dúvidas e impasses para pais e filhos e, muitas vezes, gera conflitos no relacionamento familiar. Alguns pais tem a opinião (principalmente em relação às filhas), de que a relação sexual só deve acontecer a partir dos vinte e um anos, ou até mesmo só após o casamento. Esta é uma posição que diverge da maioria das informações que o jovem recebe no seu convívio social, na televisão, na internet etc. É claro que os pais tem direito à sua posição (muitas vezes, até resultante de uma orientação religiosa). Mas é importante que percebam se os filhos estão dispostos a seguir suas orientações. Daí a necessidade do diálogo, para que as pessoas envolvidas possam se expressar francamente. Dessa forma, os filhos terão clareza a respeito do comportamento que é esperado deles. Os pais, por sua vez, perceberão se o filho compartilha ou não de sua posição.

No caso de uma posição contrária do filho, os pais decidirão se a aceitam. Caso aceitem, mesmo divergindo desta posição podem respeitá-la e orientar o filho.

Outra alternativa (que se mostra, na maioria das vezes, ineficaz) será estabelecer um sistema de regras à revelia do jovem.

No entanto, o que normalmente ocorre nas famílias que não aceitam a relação sexual na juventude é que o diálogo a respeito do assunto é inexistente, ou é realizado de forma indireta pouco explícita. Os limites são ministrados sem deixar claro que o intuito é coibir uma possível relação sexual.

O que se observa é que, nas famílias onde ocorre uma distância maior entre a posição dos pais e a dos filhos, há maior risco de gravidez indesejada na adolescência, bem como uma maior incidência de doenças sexualmente transmissíveis resultantes de transgressões imaturas, rebeldes.

É importante que os pais acompanhem e orientem os adolescentes de forma a compreenderem e aceitarem as diversas manifestações físicas e emocionais inerentes ao desenvolvimento, a fim de preservarem o respeito pelo próprio ritmo, não acelerando e nem reprimindo o processo. A tendência a acelerar o ritmo do desenvolvimento, propiciando oportunidades para transgressões imaturas, tem sido culturalmente estimulada. Muitos adultos incentivam as crianças, especialmente as meninas, a se iniciarem prematuramente no mundo adolescente. Vale lembrar que estas crianças estão deixando de vivenciar etapas da infância, sobre as quais se estrutura o desenvolvimento psicológico.

Ao lidar com as transgressões, os pais devem estar atentos às condições atuais de maturidade do filho, tendo consciência e aceitando que, mesmo que esta maturidade lhe permita sair de uma condição até então estabelecida, existirá sempre algum tipo de risco.

Aliás, sempre haverá riscos, já que uma posição rígida e inflexível não é isenta de riscos.

Transgressões com maturidade

Como já foi dito, para que o filho não estabeleça papéis rígidos de aceitação ou de reatividade incondicional aos limites, a abertura à argumentação, por parte dos pais, é imprescindível. Assim, o filho, ao discordar de uma regra e decidir transgredi-la, pode esclarecer os motivos que o levam a isto. Após argumentar, ele se responsabiliza a agir de forma coerente aos argumentos. Por exemplo: um adolescente argumenta com seus pais de que o uso recreativo do computador com frequência diária não atrapalhará seu rendimento escolar. Os pais aceitam, mas a nova regra só permanecerá se o jovem conseguir manter a nova situação, sem o prejuízo de suas atividades escolares, como foi estabelecido em sua argumentação com os pais.

A transgressão pode auxiliar o desenvolvimento pessoal, na medida em que o transgressor esteja imbuído das seguintes atitudes:

Respeito e flexibilidade

Para se discordar de algo com maturidade é necessário que haja conhecimento acerca do que se está discordando. O respeito não é concordar com a visão do outro, mas aceitar que cada um tem o direito de lidar com a realidade da forma que lhe é possível. Assim como não é conveniente que o limite seja pessoal e carregado de emoção, é adequado que a transgressão se atenha aos fatos, e não a uma oposição passional à autoridade.

O respeito é, portanto, uma disponibilidade para ouvir e considerar a opinião do outro como uma possibilidade tão plausível quanto a sua.

A flexibilidade é a capacidade de, uma vez ouvidas e entendidas as partes, aceitar que é possível uma mudança de posição, caso o posicionamento do outro seja mais adequado. A melhor forma de preparar o indivíduo para esta postura é propiciar um ambiente de diálogo, onde impere a argumentação sobre os fatos.

Disciplina

Uma definição de disciplina é: "capacidade de enfrentar com serenidade obstáculos que não estão incluídos em nossa expectativa." (Castañeda, 2008f, p. 40).

Neste aspecto a disciplina implica em responsabilidade, já que, ao transgredir, caso os acontecimentos não sucedam exatamente como era esperado, o indivíduo mantêm uma postura serena. Não assume posição de vítima, nem acusa ninguém. Enfrenta os desafios que surgem em seu caminho com objetividade. Ao desenvolver a disciplina o indivíduo aceita que existe o tempo de construção, isto é, uma noção de que tudo requer disponibilidade de ação e paciência. Desapegando-se do prazer imediato e incondicional. Aceitando também o acaso, a possibilidade dos acontecimentos não transcorrerem exatamente como ele desejava.

Projeto

As transgressões que um indivíduo faz visando a manutenção de seu projeto são as que devem receber maior respeito, no sentido de tentarmos entendê-las, mas não necessariamente tolerá-las. Podemos dizer que as transgressões cometidas por Adolf Hitler estavam totalmente de acordo com seu projeto de vida. Isto não as valida e nem implica que deveriam ser toleradas. A pessoa pode ter projetos que vão desde realizações materiais, emocionais, sociais e religiosas. No entanto, estes projetos só estarão imbuídos de maturidade se estiverem contidos numa realização ética, onde não se leva em consideração apenas o indivíduo, mas também o outro e o meio em que se vive. Entendendo aqui como meio não apenas ambiente social, mas o próprio planeta. As transgressões mais imaturas de nossa história foram praticadas por transgressores cujos projetos desconsideravam o valor dos seres humanos, focalizando como objetivo final a manutenção das caracterizações e classificações do sistema social vigente (gênero, raça, situação financeira, religião, nacionalidade, família etc.).

Talvez uma das transgressões mais evolutivas de um jovem é aquela em que ele não acompanha as expectativas de seus pais para o seu projeto de vida (profissional, pessoal), quando sente que estas expectativas não estão em harmonia com os seus próprios desejos. Consideramos que é mais funcional, em termos evolutivos, educar um filho através do diálogo, assumindo um referencial claro e buscando uma aproximação das ideias; mantendo a posição de autoridade, mas com a flexibilidade de não se apegar a supostas verdades absolutas.

Ao buscarem maior integração entre limites e transgressões, os pais libertam-se do peso de convicções rígidas, bem como do mal-estar de estarem vivendo e impondo posturas inconsistentes e, algumas vezes inadequadas. Assim, as discordâncias e transgressões deixam de ser sentidas como ameaça, não havendo necessidade de reagir a elas com violência. Ao considerar que a realidade é apenas uma interpretação do cognitivo, aceita-se melhor as próprias limitações. Isto possibilita maior humildade e flexibilidade perante a contínua dinâmica de limites e transgressões do processo da evolução humana.

Referências

ARENDT, Hannah. *A origem do totalitarismo.* Rio de Janeiro: Dom Quixote, 2006.

BECKER, Ernest. *A negação da morte.* 3ed, Rio de Janeiro: Record, 2007.

BÍBLIA SAGRADA. Lucas 7:1:10. São Paulo: Ave Maria, 2011.

BLY, Robert. *João de Ferro.* São Paulo: Campus, 2004.

BROW, Norman O. *Vida contra morte.* Petrópolis: Vozes, 1974.

CAMPBELL, Joseph. *O poder do mito.* 29. ed. São Paulo: Palas Athena, 2012.

CASTAÑEDA, Carlos. *O Fogo interior.* 9. ed. Rio de Janeiro: Nova Era (Grupo Record), 2008a.

CASTAÑEDA, Carlos. *Viagem a Ixtlan.* 9. ed. Rio de Janeiro: Nova Era (Grupo Record), 2008b.

CASTAÑEDA, Carlos. *Uma estranha realidade.* 9. ed. Rio de Janeiro: Nova Era (Grupo Record), 2008c.

CASTAÑEDA, Carlos. *A roda do tempo.* 9. ed. Rio de Janeiro: Nova Era (Grupo Record), 2008d.

CASTAÑEDA, Carlos. *A erva do diabo.* 9. ed. Rio de Janeiro: Nova Era (Grupo Record), 2008e.

CASTAÑEDA, Carlos. *O lado ativo do infinito.* 9. ed. Rio de Janeiro: Nova Era (Grupo Record), 2008f.

CERVANTES, Miguel de. *Dom Quixote de La Mancha.* Rio de Janeiro: L&PM, 2010.

COMTE-SPONVILLE, André. *Pequeno tratado de grandes virtudes*. 2.ed. São Paulo: Martins Fontes, 2009.

DOSTOIEVSKI, Fiodor. *Os Irmãos Karamázov*. São Paulo: Editora 34, 2008.

DOSTOIEVSKI, Fiodor. *Crime e castigo*. 6. ed. São Paulo: Editora 34, 2009.

FERNANDES, Millôr. *Millor Definitivo - A Bíblia do Caos*. 15. ed. Rio de Janeiro: L&PM, 2015.

FERREIRA, Aurélio Buarque de Holanda. *Novo Dicionário Aurélio da Língua Portuguesa*. 4.ed. Rio de Janeiro: Positivo Didáticos, 2010.

FREUD, Sigmund. Formulações sobre os dois princípios do funcionamento mental. ESB, *Obras Psicológicas Completas de Sigmund Freud*, V. XII. Rio de Janeiro, Imago, 1977.

FREUD, Sigmund. O Mal-estar na Civilização. ESB, *Obras Psicológicas Completas de Sigmund Freud* Vol.XXI. Rio de Janeiro: Imago, 1990(1930[1929].

FREUD, Sigmund. Formulações sobre os dois princípios do funcionamento mental. ESB, *Obras Psicológicas Completas de Sigmund Freud*, V. XII. Rio de Janeiro: Imago, 1990(1930[1929], 1997.

FROMM, Erich. *O Medo à Liberdade*. 14. ed. Rio de Janeiro: Guanabara Koogan, 1983.

GRIMM, Jacob; GRIMM, Wilhelm. *Contos de Grimm*. 9. ed. Belo Horizonte: Ática, 2012.

GUIMARÃES ROSA, João. *Grande Sertão - Veredas*. Rio de Janeiro: Nova Fronteira, 2006.

JUNG, Carl Gustav. *O homem e seus símbolos*. Rio de Janeiro: Nova Fronteira, 2008.

LA TAILLE, Yves de. Limites: *Três dimensões educacionais*. São Paulo: Ática, 2005.

LACAN, J. A Identificação. In: *O Seminário*, livro 9, inédito, 1961-62.

LACAN, J. O Seminário - Livro 3 - *As Psicoses*. 2ed, Rio de Janeiro: Zahar, 1988.

LOWEN, Alexandre. O *Corpo Traído*. 7. ed. São Paulo: Summus, 1979.

MALBA TAHAN. *O homem que calculava*. São Paulo: Record, 2003.

MANN, Thomas. *A montanha mágica*. Rio de Janeiro: Nova Fronteira, 2006.

MENEZES, Mara Sílvia Carvalho. *Prevenção com Amor Exigente - Antes que Coisas Ruins Aconteçam*. São Paulo: Loyola, 2003.

MERNISSI, Fátima. *Sonhos de transgressão*. São Paulo: Companhia das letras, 1996.

MINUCHIN, Salvador; NICHOLS, Michael; LEE, Wai-Yung. *Famílias e casais - Do sintoma ao sistema*. São Paulo: Grupo A Educação S/A, 2009.

MIRANDA, Clara F.; MIRANDA, Márcio Lúcio de. *Construindo uma relação de ajuda* 6. ed. São Paulo: Crescer, 2000.

PONTALIS, Jean Bertrand. *Vocabulário da Psicanálise*. São Paulo: Martins Editora, 2001.

POWELL, John. *O segredo do amor eterno*. 12. ed. Belo Horizonte: Crescer, 2003.

PRADO, Adélia. *Poesia reunida*. 10. ed. São Paulo: Siciliano, 2001.

SARTRE, Jean-Paul. *Entre quatro paredes*. 3ed, Rio de Janeiro: José Olympio, 2007.

WATZLAWICK, P; BEAVIN, Janet H.; JACKSON. Don D. *A Pragmática da comunicação humana*. São Paulo: Cultrix, 1967.

Este livro foi composto com tipografia Minion e impresso
em papel Off-Set 90g. na Gráfica e Editora Del Rey.